「10の姿」をこえる
保育実践のために

現役保育者による
「エピソード」で語る あるがままの子ども

編著者／井上寿美・佐藤哲也・堀 正嗣

著者／大川織雅・辻木愼吾・疋田美和・見元由紀子

解放出版社

はじめに

　11月、5歳児クラスが文化祭で「3びきのこぶた」のオペレッタをすることになりました。「仲間と目的を共有し遊びをすすめる楽しさを味わう」ことにねらいをおき、パートごとに自分たちでセリフや踊りを考えたり、ボディーパーカッションを入れたりするなど、オリジナリティーあふれるオペレッタをつくっていきました。役ごとのグループ活動にたっぷり時間をかけた保育内容を計画し、一人ひとりの子どもが自信をもって舞台の上で演じることのできる作品になりました。

　発表が終わった数日後、担任は『3匹のかわいいオオカミ』（冨山房）という絵本を取りあげました。「3びきのこぶた」のキャラクターが完全にあべこべになった、なんともいえない愉快な絵本でした。ページをめくるごとに子どもたちは大笑いをして、ストーリーの展開を楽しみました。子どもたちの心地よい笑い声とともに、絵本を読み終えました。

　するとケンジがふと、「今日さぁ、サキちゃんが休んでいるから、明日、もう1回読んで」と言ってきました。前日からサキが風邪で欠席していたのです。その言葉にハッとさせられた担任は、「本当だね。明日、もう1回読もうね。全員でもう1回楽しもうね」と約束しました。

　次の日、体調が回復したサキが登園してきたので、約束どおり絵本を再び読みました。サキは、楽しそうに隣の友だちと顔を見合わせながら、ストーリーの展開を楽しんでいました。もう1回読むことを提案したケンジは、サキの様子を気にすることなく、まわりにいる友だちといっしょに、笑い合って楽しんでいました。

子どもたちが帰ったあと、職員室でこのエピソードが話題になりました。これまでのケンジは、もの静かで、周囲を困らせることもないけれど、友だちのことを気にするような子どもではありませんでした。きっと、同じ2番めのこぶたの役をサキといっしょに演じた経験をつうじて、さまざまなことを感じたり考えたりしたのでしょう。サキとのやりとりの中で、心に残ることがあったのかもしれません。もしかしたら、活発なサキに何か助けてもらったのかも……等々。保育者が見ていない場面での子どもどうしのかかわりを想像しながら、「こんな子どもの思いってすてきだよね」「ケンジが先生にわざわざ言いに来るなんて」などと話が盛りあがりました。

　すると、「これって『10の姿』のどこにあてはまるのかなぁ」と一人の職員が言い出しました。みんなで解説書を読んでみたものの、どの項目にもあてはまりません。そんなことはないだろうと、みんなで何度も確認してみました。しかし、どこにもあてはまりませんでした。

　解説書の「協同性」のところには、「互いの思いや考えなどを共有し、次第に共通の目的をもつようになる」「それぞれの持ち味が発揮され、互いのよさを認め合う関係ができてくる」などと記されています。しかし、解説書に記された「10の姿」にあてはめようとすると、やはり違和感をおぼえます。日々、子どもと生活を共にする私たちにとって、「10の姿」って何なのでしょうか……。疑問が残りました。

　保育者や保育者をめざす学生のみなさん、毎日の子どもとの生活の中で何を大事にしたいと考えていますか?

　2017年3月に改訂(定)された「保育所保育指針」、「幼稚園教育要領」、「幼保連携型認定こども園教育・保育要領」(以下、指針・要領)

のいずれにおいても、幼児期において育みたい資質・能力の三本柱が示されました。その具体的な姿として「幼児期の終わりまでに育ってほしい姿」という10項目（以下、「10の姿」）が記されました。

　指針・要領で示された「10の姿」と保育者はどのように向き合っていくのか、「10の姿」は保育の実践をどのように変えていくのか、多くの保育者や研究者が思いをめぐらせたことでしょう。本書は、こうした問題意識を共有する保育者と研究者が語り合い、つくりあげた1冊です。

　PartⅠは、現役の保育者が9本のエピソードを寄せています。これらのエピソードは事実にもとづいたフィクションです。座談会は、エピソードをもとに話し合った実際の研究会のやりとりをふまえ、経験年数の異なる保育者が参加した架空の研修会という設定でまとめました。

　PartⅡは、大学で保育者養成にとりくんでいる三人の研究者による論考です。「10の姿」について、カリキュラム論、子どもの権利論、インクルーシブ教育論の視点から考察し、人権の世紀と言われる21世紀の保育を創造していく視点について展望しています。

　読者のみなさんには、座談会に参加したつもりになって、自分だったらどのような発言をするのだろう？　どの発言に共感できるのか？　各々、考えながら本書を読みすすめていただけるとうれしいです。このテキストをとおして、私たちとつながり、保育を語り合ってみませんか？

執筆者一同

凡例

○就学前保育・教育施設

　保育所・幼稚園・認定こども園に加え、子ども・子育て支援法によって定められた「小規模保育」や「事業所内保育」事業をおこなっている施設なども含めて「就学前保育・教育施設」とします。「子ども・子育て支援法」第7条4の「教育・保育施設」よりも広い意味でこの表現を用います。

○保育者

　保育士・幼稚園教諭・保育教諭など、就学前保育・教育施設で保育・教育にたずさわる人を「保育者」とします。

○10の姿

　2017（平成29）年に改訂（定）された「保育所保育指針」「幼稚園教育要領」「幼保連携型認定こども園教育・保育要領」に記された「幼児期の終わりまでに育ってほしい姿」の10項目を「10の姿」とします。

○指針・要領

　「保育所保育指針」「幼稚園教育要領」「幼保連携型認定こども園教育・保育要領」の3つを合わせて「指針・要領」とします。

Part II
「10 の姿」をこえて
人権の世紀を生きる保育者へのメッセージ

Part I

つながる保育をめざして
エピソードと座談会

座談会の登場人物

◆座談会について

　参加者が持ち寄った実践事例を検討する研究会の中でおこなわれている。毎月開催されており、近隣の市町村から幼稚園教諭、こども園保育教諭、保育者養成校の教員が参加している。それぞれの意見を自由に話し合える雰囲気がある。

◆座談会参加者

石巻さん（勤務2年目の保育者）

　何事にも全力投球‼ 子どもたちと楽しく過ごしているが、子ども一人ひとりによりそった保育とは？ と悩み試行錯誤する日々。仕事終わりには毎日、一人反省会をするが、なかなか答えがみつからず焦ることも。最終的には「悩んでもしかたない！」と開き直ることで明日へのモチベーションを保っている。

　多趣味で、興味をもったものはとりあえずやってみようとする半面、飽き性な面もある。いまは、ソロキャンプをしようと道具をそろえている。

高石さん（勤務18年目の保育者）

　今年度からこども園勤務になり、「幼稚園教育要領」「保育所保育指針」「幼保連携型認定こども園教育・保育要領」を読みこみ、全体的な計画の作成にも携わった。「10の姿」を意識し、今日の子どもの姿は「10の姿」のどこに当てはまるのか、抜け落ちている項目はないかなど、みずからの保育を毎日ふり返り、明日の保育へとつなげている。

　趣味はゴルフ。18ホール90台前半でまわっているので、目標は90を切ること。休みの日は打ちっぱなしで練習をしている。

八代さん（勤務20年目の保育者）

　子どもをしっかりと受けとめ、見守る保育を第一に考えている。最近は、5歳児と本気でリレーをすると次の日以降が怖い。

担任をしながら、園全体のことも考えて行事の計画を立てたり、新人保育者の指導にもあたったりしているので、少しお疲れ気味。毎日の晩酌で疲れを癒している。

趣味は野球、サッカー、テニスなどのスポーツ観戦。テレビの前で、大声で声援を送ることがストレスの解消になっている。

日田さん（保育者養成校の教員）

　実践に即した授業で学生たちからも人気だが、レポートの提出期限には厳しく、学生からは陰で激辛編集長と呼ばれている。

　地域の就学前保育・教育施設の園内研修や自治体などが主催する研修会に講師として呼ばれることも多く、現場の保育者が抱える悩みの相談にものっている。

趣味はスウィーツ巡り。出張では、ご当地スウィーツを食べるのが楽しみ。お土産にも買っていくが、ゼミ生からの評価は微妙なところである。

1 「ユウスケくんはずるい！」
やりたい思いを大切にする保育とは？

〔3歳児6月〕

チサト

エピソードの書き手：3歳児クラス担任　**チサト先生**

●ユウスケについて

　母親はユウスケの言葉の遅れをたいへん心配している。ユウスケの言葉は不明瞭ではあるが、単語の語尾の部分を強く発声して自分の思いを伝えている。保育者とのコミュニケーションも積極的で、喜怒哀楽が表情からはっきりとわかり、心情がとてもよく伝わってくる。

　友だちとのかかわりでは、好きな友だちといっしょに座れなかったり、自分の思いどおりにいかなかったりすると、場所を問わず目をつぶってその場に寝転んでしまうことがある。ユウスケのこのような行動は、自分の思いを十分に出している姿でもある。保育者は、「ケイタくんの横に座りたかったんだよね〜」「ユウスケくんも運びたかったんだよね〜」などとつぶやき、周囲の子どもたちにユウスケの思いを知らせながら、ユウスケによりそってかかわるようにしている。

●エピソード

　3年保育3歳児の子どもたち。幼稚園生活が始まり約2ヶ月が経過した。子どもたちはクラスで安心して生活する中で、少しずつ自分らしさを発揮しながら、思いを出せるようになってきていた。その一方で、自分の思いが受けいれられず、泣いたり怒ったりする姿もたくさんみられるようになった。

　ある日の片づけの時間である。保育者は、「これはどこに置くんだっ

たかなぁ～」「ミズキちゃんは並べるのうまいね～」「アツシくん、落ちていたコップみつけてすごいね！」などとつぶやいたり、言葉をかけたりしていた。子どもたちは保育者の言葉を聞きながら、はりきって片づけていた。どの子どもにも、自分の片づけている姿を保育者にみてもらいたい、がんばっていることを認めてほしい、という思いが強く感じられる。保育者はそうした姿をうれしく思っている。

　粘土遊びをするための座卓下に敷いてあるカーペット（幅120cm×長さ200cm）を保育者がいつものように巻こうとすると、ミズキとアツシが手伝いにやってきた。真っ先に保育者のところに駆けつけた二人の姿を周りの子どもたちにも伝えたいと思い、大げさに「ミズキちゃん、アツシくん、いっしょにしてくれるの？　助かるわぁ～」と言葉をかけた。そのやりとりを聞いていた数人の子どもたちも、いっせいにカーペットのところに集まってきた。カーペットの周りは子どもたちであふれかえった。

　ミズキとアツシがカーペットを端から巻き始めたところ、ユウスケは意気揚々とはりきって逆の端から巻き始めた。ミズキが「ユウスケくん、こっちからだよ！」、アツシも「ユウスケくん、だめだよ～」

とユウスケに大きな声で知らせる。しかし、ユウスケは巻くのをやめない。ケイタはたまらず、カーペットの真ん中に乗っかり、ユウスケを止めようとした。モモコは両手を胸元でクロスさせて「だめー！」とユウスケに何回も合図を送った。

　保育者が「なんでユウスケくんの方からはだめなの？」と子どもたちにたずねた。子どもたちは「ミズキちゃんの方が早かった！」「ユウスケくんはずるい！」などと思ったことを口々に言い出した。すると、ユウスケは怒った表情でみんなをにらんだ。

　「ユウスケくんは悪いことしたのかなぁ……」と保育者はつぶやいた。ユウスケの行動について周囲の子どもたちが考えるきっかけをつくりたいと思ったからである。「ユウスケくんは、あとから巻き始めた！」「アツシくんの方がいっぱい巻いてる〜」と言う子どもたち。保育者がさらに「ユウスケくんも片づけたかったんだよね〜」とつぶやくと、「ユウスケくんもこっちからいっしょに巻いたらいいよ」とミズキ。周りの子どもたちも「そうそう〜」「ユウスケくん、こっちこっち！」とユウスケの手を引っぱりにいく。ユウスケもうれしそうにミズキとアツシの方へ回り、いっしょにカーペットを巻き始めた。

●座談会

チサト

　ミズキはとてもしっかりしていて、友だちにも自分の思いをはっきりと伝えています。アツシは保育者に認めてほしいという気もちがとても強いため、保育者の思いをすぐに受けとめるようなところがあります。３歳児ですからどのような方法であれ、一人ひとりが自分の思いを十分に出してほしいと願って保育をしています。

　この場面では、まずユウスケの「自分もやりたい」という思いを、周りの子どもたちにも感じてほしかったのです。私がとりしきって、

「ミズキちゃんやアツシくんの方から巻いて」「時間がないからもう先生が巻きます」と提案や指示をすれば早く巻き終わるかもしれません。でも時間がかかっても、3歳児なりに自分たちでどう考えていくのか見守りたいと思いました。ユウスケの思いが伝わったあとの子どもたちの素直な言葉もうれしく感じました。「共に育つ」ということを改めて実感できる場面でした。

石巻　　私だったらこの場面で、「だめだよ～」と言葉をかけてしまっていたかもしれません。

日田　　次の活動に早く移らなければとあせってしまうと、つい禁止の言葉が出てしまいますね。

チサト先生は、子どもに言葉をかける時と、つぶやく時がありますね。「ユウスケくんは悪いことしたのかなぁ……」というのは、先生の思いが直球でつぶやかれていると感じます。これは、意図してつぶやいた言葉ですか？ それとも自然にこぼれた言葉ですか？

チサト　　この時は、意図してつぶやきました。私は、つぶやくということを、保育者の表現の1つとして意識的に使っています。指導や誘導ではなく、保育者も同じクラスで共に生活する一人として、その思いをその場でこぼします。その際、こぼれた言葉を拾うか拾わないかは、子どもたち次第なんだろうと思っています。

日田　　意識的につぶやきを使っておられるのですね。でも時には、意図せずにポロッとこぼれてしまうつぶやきもあるの

ではないでしょうか？ そのようなつぶやきがやわらかなぬくもりを
ともなって、子どもの内面に残っていくこともあるように思います。
チサト先生のつぶやきが子どもの心に届き、子どもがつぶやきを拾う
のは、先生が子どもたちといっしょに生きているからなのでしょうね。

　　　チサト先生は、「指導や誘導」にならないかかわりも大
切にされています。でも、保育者はいつも明確な意図を
もって子どもに向き合う必要があるのではないでしょう
か。「10の姿」に示されているように、子どもをどのよ
うな姿に育てたいのかと「子ども像」を意識して指導することが保育
者の役割であると思います。

　　　もちろん、3歳児の保育では、生活や友だち関係にか
かわるスキルについて、保育者が模範を示したり、教え
たりすることもあります。そのような時には、具体的に
言葉をそえながら、ていねいにわかりやすく子どもたち
に伝えるように心がけています。ただし、場面によっては、3歳児な
りに友だちの思いにふれたり、自分自身で考えたりする経験も保障し
ていきたいと思っています。

　　　育ってほしい子ども像を意識しすぎて、「～ができるよ
うになる」ことをめざして保育をすすめると、どうして
も保育者の指示する言葉が増えますよね。いわゆる「引っ
ぱる保育」になってしまいます。急いで「すすめる保育」
ではなく、子どもたちの力を信じて「待つ保育」を心がけていきたい
ですよね。

私は、子どもたちが友だちと楽しく遊んでスムーズに生活していけるように、トラブルにならない方法を教えたいと思ってきました。子どもたちには、教えられたことを1つひとつおぼえてスムーズに生活できるようになってほしいと願っていました。

　先生方の話を聞いていると、このような思いが私の中に強くあるのは、私が「子ども像」というか、子どもの理想像にとらわれすぎているのかもしれないですね。

　どうやったらきれいに巻けるのか、子どもたちといっしょに考える。そして考えたことを周りの子どもたちにも知らせていく。こうした姿勢は保育では大事だと思いますが……。

「片づけ」のねらいはどこにあるのでしょうか?

　片づけをとおして育みたい力は、年齢やクラスによって違うでしょうね。3歳児としてのねらいがあると思いますよ。チサト先生は必ずしもきれいに巻くことをめざしていないと思うなぁ。片づけのための片づけになってはならないと考えているんじゃないでしょうか。

　片づけのための片づけになって、片づけの時間を意識しながら遊ぶのは「遊び」ではないと思います。そもそも遊びというのは、時間を忘れるほどに没頭し、夢中になるものではないでしょうか。学びにつながるのは、このような遊びであると考えます。

　ところで、ユウスケくんのお母さんは、言葉の遅れをたいへん心配

されているということでしたね。先生方はふだん、特別な支援を必要
する子どもが、見通しをもって生活できるようにするために、どのよ
うなことにとりくんでおられますか？

　私は、先輩の先生に教えていただいた視覚支援や、伝
える時には短い言葉ではっきり話すことを大切にしてい
ます。登園してきたらすぐに1日のスケジュールが確認
できるように1日の流れをホワイトボードに写真つきで
掲示して、視覚支援をおこなっています。

石巻

　スケジュールをはっきり示すことは、とても大切な支
援だと思います。時間がきっちりしていると安心できま
すから。特別な支援が必要な子どものほかにも、ホワイ
トボードの写真をみてわかりやすいと感じている子ども
がいるでしょうね。

高石

　時間の区切りをわかりやすく伝えるために、私の園では、片づけの
時間になると音楽を流します。そして、片づけの時間になったことを
5歳児が放送で知らせます。これは、5歳児の当番活動の1つです。

　放送でいっせいに片づけの時間を知らせると遊びが中
断されて、遊びそのもの、また遊びの雰囲気や余韻がこ
わされませんか？ 保育の流れやスピードは、クラスに
よってそれぞれ違います。保育者の思いや考えも違いま
す。もちろん、子どもの姿もさまざまです。片づけのタイミングやそ
の知らせ方は、柔軟に対応すべきだと思います。園でいっせいに同じ
時間に片づける、音楽で園の子どもをいっせいに動かすというのには
違和感をおぼえます。

チサト

私もそう思うなぁ。音楽やチャイムが鳴ったら片づけるというスタイルは、まさしく片づけのための片づけになっています。音楽やチャイムで子どもたちを管理したくはないです。次の活動を知らせながら、何のために片づけが必要なのか、年齢に応じて伝えていきたいです。そうしたとりくみをくり返す中で、子どもはみずから片づける必要性を感じ、主体的に片づけるようになるのではないでしょうか。子どもたちの力を信じることが求められていると思います。

先ほどの視覚支援の話にもどるのですが、重度の自閉症がある東田直樹さんの本[*1]に、「僕自身は、あまり時間やスケジュールを視覚的に表示することは、好きではありません」と書かれていました。東田さんは、視覚的に表示されると強く記憶に残りすぎて、そのことに自分を合わせることだけに意識が集中してしまうそうです。

チサト先生が言われるように、子どもの姿はさまざまです。つまり、特別な支援を必要とする子どもも一人ひとり異なっているのです。一般的には視覚支援が有効であると言われています。しかし、その子どもにとって本当に視覚支援が必要なのかということは、子どもや保護者と確かめながらすすめていきたいです。

視覚支援が必要な子どももいれば、東田さんのように感じる子どももいるなど、支援が一人ひとりの支えになっているのかどうか問い直すことも必要だと感じました。クラスの子どもをひとくくりにせず、一人ひとりに応じた支援を考えていきたいと思います。個が大切にされることが必要なのですね。

「10の姿」の「自立心」のところには、「自分の力で行うために考えたり、工夫したりしながら、諦めずにやり遂げることで達成感を味わい」という記述があります。自分一人の力でできることを「自立」としてとらえているように思います。でも、エピソードを書いてみて、自分一人の力だけではなく、友だちや先生など、クラスの仲間に支えられてできるという「自立」もあるのではないかと感じました。今後もクラスのみんなが「共に育つ」こと、つまり育ち合いを大切にした保育をめざしていきたいと思います。

＊1　東田直樹（2016）『自閉症の僕が跳びはねる理由』角川文庫，p.134.

「つぶやき」は接着剤
思いと思いで人とつながる

●

辻木愼吾

　私は保育で「伝える」ことを大切にしています。とにかく自分の思いを具体的に子どもにたち伝える、幼児教育への思いや子どもたちにかかわるときの意図などを保護者や地域の方々に伝えることです。

　「伝える」手段の１つが「つぶやく」ことです。いつの間にか、あらゆる場面でつぶやいていることに私自身気がつきました。「○○くんもいっしょに遊びたいんやよなぁ〜」「本当にそうかなぁ〜」「それってすごくすてきだね！」「先生も困ったなぁ〜」などです。こちらが一方的に投げかけるので、何かを指示・指導するわけではありません。つぶやかれた相手が、そのつぶやきをどう受けとめるかは自由です。もちろん受けとめないこともまた自由です。私が意図してつぶやいたり、無意識につぶやいたりしています。

　先日、ホースをのばしてプランターの花に水やりをしていたときのことです。端っこの花にホースがあたり、折れそうになりました。私は思わず「あっ、ごめんね。痛かったね〜」とつぶやきました。その光景を見た子どもたちが「気をつけてね〜って言ってるよ」「大丈夫って言ってるから、大丈夫だよ！」と、花の気もちを代弁したり、私をなぐさめようと言葉をかけてくれたりしました。

　子どもの「主体性」や「主体的な活動」を大切に保育をしていると、子どもたちは気づいたり、感じたりしたことを自然と言葉に出したり動き出したりするようになります。私の「つぶやき」に応えて、子どもたちが花や私の気もちを思いはかって、やさしい言葉をかけてくれたのです。

　保護者向けクラスだよりの１コーナー「しんごのつぶやき」も、私が

大切にし、長年続けているつぶやきの１つです。子どもたちの生活の一場面やエピソードから私が感じたこと、時には病院の待合室で出会った親子のやりとり、風呂屋さんのとなりで体を洗っていた親子の会話などから私が感じたこと、時には新聞記事やテレビの情報の中から自分が伝えたいと思ったことなど……話題は多種多様です。「しんごのつぶやき」では、私の一方的なつぶやきに保護者が感想を書いてきてくださるので、その感想も次回の「しんごのつぶやき」に掲載することがあります。結果として、保護者とつながり、また他の保護者へも波及していくこともありました。つまり、「つぶやき」がいろいろな人どうしをつなげる接着剤となったのです。たくさんの人の思いがつながっていることをとてもうれしく思います。担任をしなくなった今でも、保護者向け園だよりの中に「しんごのつぶやき」を掲載しています。

　子どもや保護者へのつぶやきが、どのように受けとめられてきたのかはわかりません。だからこそ、目の前にいる子どもや保護者の姿から、私のつぶやきやかかわりが適切であったのか、また相手の思いによりそえていたのかをふり返るようにしています。

　私のつぶやきが、きっとどこかで誰かの支えになっているといいなと願っています。

2 「小さいのがいいんだもん!」
一人ひとりの思いを受けとめる保育とは?

〔3歳児 10月〕

ヒカル

エピソードの書き手：3歳児クラス担任　**ヒカル先生**

●リコとミサキについて

　リコは、ダンゴムシをはじめ、虫が苦手である。また、自分から積極的に友だちを誘ったり、遊びに加わっていったりすることが少ない。まだまだ保育者といっしょに遊びたいという気もちが強く、保育者といっしょにいることで安心して遊べるようであった。そのため、保育者はいっしょに遊ぶ中で、リコが自然に友だちとつながっていけるようにと願っていた。

　ミサキは、自分の考えをしっかりもっていて、積極的に遊び出したり、友だちを誘ったりする。保育者に自分の思いを言葉で伝えたり、保育者の手伝いをしたりして、意欲的であった。しかし、時には我慢せずに泣いたり甘えたりして感情をぶつけてほしいと、保育者は思っていた。

●エピソード

　1学期、盛んにダンゴムシをみつけヨーグルトカップの空き容器（以下、カップ）に入れる子どもたち。2学期、夏が過ぎて涼しくなってくると、ダンゴムシをさがそうとする姿が再びみられるようになった。ミサキが「ダンゴムシみつけよう～」と言って、園庭の端っこの落ち葉がたまっているところに行き、手で落ち葉をかき分け始めた。近くにいたコウキとリコも同じようにカップを手に持ち走っていった。

三人でダンゴムシをさがし始めた。

　ミサキとコウキは自分でダンゴムシをみつけ、次々と指でつまんでカップの中に入れる。しかしリコは、「リコもほしい〜」と言いながら保育者のそばを離れない。「ほら、落ち葉の下をさがせばいるみたいだよ……いたよ！」と保育者が指さすと、リコもダンゴムシを自分の指でつまんでカップに入れた。

　ミサキとコウキは自分でみつけたダンゴムシをみせるために、保育者のところにカップを持ってやってきた。「わぁーすごい！　いっぱいみつけたんだね〜」と驚き、続けて「リコちゃんはまだ1匹なんだよね〜」とつぶやくと、ミサキが「はいっ、これあげる！」と言いながら、リコのカップにダンゴムシを入れた。リコはうれしそうな表情で「ありがとう〜」とミサキに伝え、また保育者のそばでダンゴムシをさがし始めた。

　保育者が再びダンゴムシをみつけ、「リコちゃん、いたよ〜、はいどうぞ！」と、リコのカップに入れると、「ミサキもちょうだい〜」と、ミサキが保育者に近づいてきた。保育者は「そうかぁ、ミサキちゃんもほしかったんだね」と微笑みながら、みつけたダンゴムシをミサキのカップに入れた。

　午前中にダンゴムシをさがしたのが楽しかったのか、昼食後、リコがカップを持って「ダンゴムシ、いっしょにさがそう〜」と、保育者

を誘ってきた。それを近くで聞いていたミサキも「ミサキも行く〜」と、急いでカップを取りにいった。

　午前中と同じ園庭の端っこでさがし出したが、今度は、なかなかみつけることができなかった。それでもじっくりさがしていると、とても小さなダンゴムシがみつかり始めた。何匹めかで、ミサキが「大きいのいた！」と保育者とリコにみせ、自分のカップに入れた。リコはなかなかみつけることができずにいたので、保育者は「リコちゃん、なかなかみつからないね〜」とつぶやきながら、いっしょにさがした。

　保育者がダンゴムシをみつけるたびにリコのカップに入れていると、ミサキが「これあげる〜」と、先ほど自分でみつけた大きなダンゴムシをリコのカップに入れた。「えっー！　大きいやつだけど、いいの？」と保育者が驚いて言うと、ミサキは「うん。だってミサキは小さいのがいいんだもん！」とにっこり笑った。この時、ミサキにも「私も先生といっしょに遊びたい！　先生がみつけたダンゴムシがほしいなぁ〜」という思いがあるのではないかとハッと気づき、「そっかぁ〜、ミサキちゃんもほしかったんだね〜！」と伝えた。そしてミサキのためのダンゴムシをみつけ、「ミサキちゃん、はいどうぞ！」とカップに入れると、「ありがとう〜」とミサキは満面の笑みを浮かべた。

●座談会

ヒカル

　　　３年保育３歳児の２学期半ばのエピソードです。子どもたちには、保育者との信頼関係をベースに安心して生活する中で、自分のありのままの思いを素直に表現しながら遊んでほしいと願い、日々保育をしています。特定の友だちだけでなく、さまざまな友だちとかかわっていってほしいという意図をもって、子どもといっしょに遊びや活動を楽しむようにしています。

自然豊かな園庭は、生き物や落ち葉などがいっぱいです。子どもみずからが興味をもち、「これなんだろう？」「おもしろい〜」「集めてみよう！」と関心を深めていってほしいと願っています。そこで、子どもの名前を書いたカップを靴箱の上に用意して、自分が使いたいと思った時にいつでも持ち出せるようにしました。

　リコは、はじめてする遊びや活動に参加する時など、不安な気もちがあると、まだまだ「先生といっしょにしたい」という思いが強いです。ダンゴムシをみつけたいという気もちがあっても、実際に自分で落ち葉を動かしたり、ダンゴムシを手で捕まえたりするのは勇気がいるのでためらいがあるようです。私がそばにいることでダンゴムシを捕まえる時間を楽しめているのだろうと思います。

石巻

　子どもたちって本当にダンゴムシが好きですよね。ダンゴムシって、子どもたちにとってどうして安心できる存在なんでしょう？

高石

　ダンゴムシに限らず、小動物は危険が少なく動きが愛らしく、みているだけでも楽しめるからじゃないでしょうか。

八代

　そうそう、特にダンゴムシは攻撃性がなくてかわいいですよね。動きは速いけれど、捕まえられないほどではなく、いっしょに遊んで楽しかったという思いが生まれやすい。ヒカル先生はリコに対して、ダンゴムシさがしを楽しんでほしい、ダンゴムシさがしをとおして友だちとつながっていってほしいと思っていたのですよね。その後、リコの姿や友だちとの関係の広がりに変化はありましたか？

リコが友だちとかかわろうとする姿は、少しずつ増えていきました。ミサキも含めてですが、好きな友だちの横に自分で椅子を置いたり、保育者がいなくても友だちといっしょにままごとをして遊んだりする姿もみられるようになりました。

このエピソードでは、友だちどうしの関係だけでなく、「10の姿」の中の「自然との関わり・生命尊重」に書かれていることをしっかりみていきたいです。指針や要領にも示されているように、子どもたちがダンゴムシへの「接し方を考え、命あるものとしていたわり、大切にする気持ちをもって関わる」ようになっていったのか、ということです。

ヒカル先生のクラスの子どもは、ダンゴムシを自然物としてとらえ、「命あるものとしていたわり、大切にする」という気もちでかかわっていないように思うのです。どちらかといえば、子どもはダンゴムシを安心できる友だちのように思っているのではないでしょうか。ダンゴムシだから自然、自然だから生命尊重というような考え方は、子どもの目線でとらえた自然とはずいぶん、異なっているように思うなぁ。

もちろん「自然との関わり・生命尊重」だけではとらえきれない3歳児ならではの育ちの姿があるのはわかりますが……。
　一人の子どもの思いに心をよせた保育をしていると、周りの子どもの姿がみえなくなってしまうこともありますけど……。ヒカル先生は、リコへの思いが強くあってリコにかかわっていたのに、

「私も先生といっしょに遊びたい！ 先生がみつけたダンゴムシがほしいなぁ〜」というミサキの思いに気づいたんですね。

ヒカル

「だってミサキは小さいのがいいんだもん！」というミサキのつぶやきには、「先生、私にもダンゴムシをみつけて！ 私にもダンゴムシを捕まえて！」という気もちが強く表れていると感じました。最初はリコが友だちといっしょに遊べるきっかけをつくろうと、リコやミサキに保育者の思いをつぶやいていましたが、この場面ではミサキのつぶやきにこめられた思いにハッとさせられました。

日田

リコの思いによりそいながら、同時に、小さいダンゴムシがいいというミサキのつぶやきの中にある本当の思いを感じとることができたのは、ヒカル先生の感受性の鋭さですね。「そっかぁ〜、ミサキちゃんもほしかったんだね〜！」という言葉は、ミサキにとって先生が自分の思いに気づいてくれたという、とてもうれしいメッセージになったと思います。

八代

保育者のつぶやきには何かしらの願いや意図が含まれているので、つぶやきすぎるといわゆる「つぶやき攻撃」になって、引っぱっていく保育になるかもしれないですね。
保育者が、子どもどうしの形式的で表面的なつながりを追い求めてつぶやいてしまうと、保育者に気に入られようとして行動したり、自分の思いとは異なることを言ったりする子どもが出てくることもあるよね。保育者は、子どもどうしの内面的なつながりが深まっていくようなつぶやき方をしたいですね。

石巻

　私はいつも、友だちといっしょに楽しく遊んでほしいと願い、友だちどうしをどうつなげていくかを考えて保育しているように思います。でも、まだまだ保育者とつながりたいという気もちが強い時期の子どももいることを、考えておく必要があるとわかりました。まずは保育者との関係を築くこと、信頼関係が大切なんですね。

日田

　子どもどうしの関係は保育者との関係に支えられ、保育者と子どもの関係は子どもどうしの関係に支えられています。お互いさまですね。子どもにとっては、友だち関係も保育者との関係も、どちらか一方だけということはなく、どちらも大切な関係です。保育者は目の前の子どもの姿をしっかりとらえ、それぞれの関係構築のバランスやタイミングを考えて保育をすすめていくことが求められます。

ヒカル

　この時期の子どもにとって、保育者の立ち振る舞いや考え方が子どもたちに大きく影響することを改めて自覚しました。保育者自身がきわめて大きな環境であることを再認識することができました。一人ひとりのありのままの思いをていねいに受けとめること、丸ごと受けとめることで、子どもの本質がみえてくるのだと学びました。これからも子どもの何気ない言葉やしぐさや行動などから、子どもの心の声をくみとれるような保育者でありたいと思っています。

子ども心

●

大川織雅

　私は親が共働きで生後数ヶ月から保育所に通っていました。5歳児クラスに進級するときに親の転勤で違う街に引っ越し、それからの1年はどこにも通わなかったこともあり、保育所のころの思い出はあまり残っていません。でも、その少ない思い出の中で特に印象に残っていることが2つあります。

　1つめは、ブランコで遊んだことです。そのときの私は、「ブランコで1回転ぐるっと回りたい」と真剣に考えて、足と手の感覚に神経を研ぎ澄ませて必死に立ち漕ぎをしていました。いまから思うと、どんなにがんばって漕いでもブランコを1回転させることなどできないので、笑い話になるようなことなのですが、そのときの私はその考えに夢中になって遊んでいました。「危ないよ」と先生に止められた記憶はないので、きっと片づけの時間までずっと漕いでいたのだと思います。そして、1回転できなかった落胆ではなく、自分の考えに夢中になって遊んだ楽しさと充実感が残っています。

　2つめは、遊戯室で何かの行事がおこなわれたときに、遊戯室の入り口にあったトンネルがどうしてもくぐれなかった、ということです。そのトンネルはきっと先生たちが行事の演出として用意してくれたものだったのだと思います。トンネルがことさら怖いというわけではなく、子ども心に「このトンネルをくぐれば楽しいことが待っている、先生たちも私のことを待って、励ましてくれている、くぐらなくては」とも思っていました。けれど、そう思えば思うほど気もちにふんぎりをつけることができなくなり、結局トンネルをくぐることができず、行事に参加せずに終わりました。もし私がそのときの先生の立場だったら、行事に参加してほしい、経験し

てほしいと願い、いっしょに手をつなぐ、トンネルを脇に寄せるなど、あの手この手を考えて遊戯室に入らせただろうと思います。でも、ふり返ってみると、その行事に参加できなかったことに対して後悔したという感覚は残っておらず、むしろ、そんな自分を最後まで待ってもらえていた、ということが私の中に強く残っています。

　この２つの思い出から、子どものころの私は、おとなになった私が、いま「先生」という立場でみたら、想像がおよばないような思いを抱いて生きていたことを改めて感じます。きっと私の目の前にいる子どもたち一人ひとりも、子どものころの私と同じように、私（おとな）がどんなに理解しようとしてもしつくせない、言葉にならない思いをいろいろと抱いて、いまこの瞬間を過ごしているのだと思います。どんなに小さくても思いをもった存在であることを感じる時、子どもの尊さに胸がいっぱいになる日々です。

3 「いのちの選択」
子どもの柔軟な感性を育む保育とは？

〔4歳児 6月〕

ミユキ

エピソードの書き手：4歳児クラス担任　**ミユキ先生**

●クラスの子どもたちについて

　子どもたちは、小さな生き物が大好きである。ダンゴムシやアリなど、自分の予想しない不思議な動きをするものに興味をもつ。それらを仲立ちにして友だちとの関係が深まることもある。四季折々の花が咲く園庭には、たくさんの虫がやってくる。花や虫は豊かな環境構成となっている。

　アリやダンゴムシは、入園当初の子どもたちにとって最適の遊び仲間である。だんだん幼稚園にも慣れてきて、気の合う友だちもでき、興味がいろいろと広がる時期、さまざまな幼虫をみつけては飼育した。モンシロチョウやアゲハチョウ、ツマグロヒョウモンなどの小さな幼虫がサナギになり、日数を経て羽化する過程を、子どもたちみんなで楽しんだ。

　保育者と子どもたちが相談して、「絶対に触らない、ゆらさない」という約束事も生まれた。みんなが約束を守って育てたことで、蝶の成長によりそうことができた。子どもたちは、自分たちの気もちを1つにした結果、小さないのちの成長にであうことができたと喜び、胸を張って、飼育ケースから飛び立っていく蝶を見送った。

●エピソード

　梅雨の晴れ間のある日、セイヤとミクが、砂場の藤棚で緑色の幼虫

をみつけた。「これ、なんだろう？」「また、きれいなちょうちょになるのかな？」などと話しながら保育者のところに持ってきた。はじめてみる幼虫を眺め、「何になるのかなぁ？　楽しみだね」と言いながら、二人はみたこともない幼虫を飼育ケースに入れて大事に抱え、図鑑コーナーに行った。

　セイヤとミクは、幼虫の色や形をみながら、「これかな？　でも、色がちょっとちがうよ」「これかな？」などと次々とページをめくっていった。そして、とうとうそっくりな幼虫をみつけた。二人は顔を見合わせて、両手で抱えていた飼育ケースをおそるおそる床に置いた。図鑑をみると、そこには全身灰色の筋の入ったグロテスクな大きな蛾(が)の写真があった。スズメガ科のクチバスズメという蛾だった。飛んでいる姿を想像すると、ちょっと怖い気もちもする。二人は図鑑を元の場所にもどして、「先生、これ、砂場にもどす……」と、飼育ケースを抱え、園庭に向かった。

　意気揚々と図鑑を調べた子どもたちの、一瞬のうちの気もちの変容にどうしていいか正直わからなかった。なんと言葉をかけたらいいのか見当もつかないまま、保育者は「そうだね」としか言えず、子どもたちの後ろからついていくことが精いっぱいだった。

セイヤとミクは藤棚の根元に幼虫を返すと、飼育ケースを元の場所に置いて、色水遊びの方へ走っていった。足元をみると、何事もなかったかのように、幼虫がどんどん藤の木を登っていた。1度飼育ケースに入れられたいのちが、砂場で生き延びて無事成長し、蛾になることを願うばかりであった。

●座談会

ミユキ

　セイヤとミクは、これまで育ててきた蝶の様子と、あまりにも違いすぎる成虫の姿に、育てる希望をなくしてしまったのでしょうか。とにかく衝撃的なできごとでした。それで、その日の午後、職員室でこのことを話題にしたんです。

　「幼虫をもどした二人に、保育者はどのようなかかわりをすればよかったのか？」「これって、子ども自身がいのちの選択をしてしまっているのではないのか？」「どんな結果であれ、育てるべきだったのか？」「自分たちが育てた結果が蛾であっても、それは愛おしい存在になったのか？」「調べる前に、育てた方がよかったのか？」「子どもたちが育てることを断念したのは、仕方のないことだったのか？」等々、たくさんの意見が交わされました。保育者たちは時間をかけて話し合いました。しかし、納得のいく答えはみつかりませんでした。

　「蝶も蛾もいのちがある」という事実を前に、保育者と子どもたちはどうすればよかったのでしょうか？　どんな虫でも、「いのち」があることに変わりはありません。このことは、わかっているのですが、ツマグロヒョウモンの幼虫ならみんなで愛でて育てるのに、グロテスクなスズメガと知ったとたんに態度の変わる子どもたちと、それを容認してしまった自分の価値観に罪悪感をおぼえてしまいました。自分にとって都合がよいと思えるいのちだけが大切なのだろうか？　と自

問自答しています。

　　　　ミユキ先生の気もち、わかります。小さな虫は、いつも子どもたちのそばにいる、ある種「友だち」みたいな存在です。ですが、私も蝶なら育てる気もちになるけれど、蛾になる幼虫をわざわざ育てるかどうか……。私もどうしたかわからないです……。

　　　　捕まえた幼虫がスズメガになると知った時、どうしてセイヤとミクは砂場に幼虫を逃がしに行ったのですか？　二人の率直な気もちを聞きましたか？

　　　　いいえ。この事態をどう受けとめたらよいのかわからないまま、子どもたちの後ろをついて歩くことで精いっぱいでした。逃がしたあとに、何人かの子どもたちがまたその幼虫に興味をもちました。でも「それは蛾になるんだよ」と聞いたとたんに、目の前の幼虫は、ただみつめられるだけの存在になってしまって……。

　　　　逆に、そんな場面こそ、子どもたちが「どうして育てようとしないのか」を知り、みんなで考え合うよいチャンスになっていたんじゃないかなぁ。でも、これはあとから考えて思ったことです。私もその場にいたら、どうしていたのかわかりませんけどね。
　また、「本当に、これって図鑑のこの蛾になるのかな？　おもしろそうだから、いっしょに育ててみない？」とミユキ先生の方から提案してみるという方法もあったかもしれませんね。意外と育ててみたら、

蛾に情が湧き、愛しい、美しい、かっこいいと感じる子どもも出てくるかもしれませんよ。

　　　　　以前、このスズメガの幼虫が朝顔の葉っぱにいっぱいついていて……。びっくりするほど大きなフンをすることに子どもたちが驚いて、同時におもしろくもあり、そのままにしておきました。わざわざ飼うことはしませんでしたが、朝、そのフンをみつけるたびに「あ、幼虫がまだいるんだね」と子どもたちと確認したことがありました。小さないのちとのであいって、飼うことだけではなく、「生きていることを確認する」ことでもあるように思います。

　指針や要領の解説では、「10の姿」の「自然との関わり・生命尊重」の中に、子どもは、「身近な自然の美しさや不思議さに触れて感動する体験を通して、自然の変化などを感じ取り、関心をもつようになる」とあります。やはり、自然とのであいのなかで、美しいと思うものに心を動かされることって、当たり前のことではないでしょうか?

　　　　　「10の姿」では、何をもって「美しい」と記述されているのでしょうか。疑問が残ります。自分にとって? 誰にとって? 何を「美しい」と感じるのかは、人によりそれぞれ違うことを認める必要があります。スズメガをみて「不思議だなぁ」「美しいなぁ」と感じる子どももいるかもしれない。その感性を否定してはいけないと思います。

　ミユキ先生は自分の実践を顧みて、知らず知らずのうちに、自分にとっていやなものや美しいと思えないものを排除する行動を助長していたことに気がついたんですね。この気づきを意識して保育をおこなうことは、人権を大切にする保育をすすめる上でとても重要です。

おとながそのような人権感覚をもっていれば、子どもたちにも伝わっていくと思います。まずは、立ち止まり、考えることが大事です。そうすれば、生産性や効率重視の価値観で判断することから救ってくれる声が聞こえてきます。スズメガの幼虫とのであいがきっかけとなって、自分たちの価値観について子どもや保育にかかわるおとながいっしょに考える機会にしたいですね。

　育てる前に結果を知ってしまうことってありますよね。このエピソードは4歳児の実践ですが、5歳児になると、「知りたい」「調べたい」っていう気もちがもっと強くなると思います。捕まえた虫の食べ物や育て方などを調べることがうれしくて図鑑や絵本をみる。そうすると、実際に育てるよりも先に、成虫の様子を知ってしまうこともありますよね。

石巻

　図鑑で調べる経験は大事だし、大きくなるにつれて、調べるという経験がますます必要になってきますよね。でも、図鑑に載っている事実を知って、「知った気もち」になるのも危険。やはり実際にであい、かかわり、諸感覚、全身を使って感じることが大切ですね。図鑑に書かれている知識から入って「わかった」つもりになると、それ以上の好奇心が湧いてきません。蝶と蛾って、何が違うの？　なぜ、蛾だと育てたくないの？　その偶然や葛藤自体がさまざまな疑問や問いを生み出し、子どもたちどうしで学び合う機会になっていくように思います。

八代

　保育の展開によっては、子どもたちはこの幼虫を育てていたかもしれない。そして育てた幼虫が、スズメガの成虫になった時に、愛着をもち、スズメガを美しいと思う子どもの意外な感性にもであえたかもしれないですよね。保育者自身が柔軟な感性で自然に向き合えば、さ

まざまな自然とであう可能性が拓かれていくのではないでしょうか。

高石

　子どもの価値観って、子どもが実際に感じることによって形成されるだけでなく、おとなの言葉によって強く影響を受けますね。蛾をみて「気もち悪い」とか「毒がある」など、おとなの不用意な発言を聞いて、子どもがそこにこめられた価値観を受けいれてしまう……。そう考えると、私たちの言葉の1つひとつも、気をつけていかないといけないし、保護者にも、園だよりや保護者会などで、多様な価値観を受けいれることの大切さを伝えていくことが必要になってきますね。

石巻

　昨年、地域に住む虫にくわしい方が、子どもたちにいろいろなことを教えてくれたんです。その方は「飼いっぱなし、捕りっぱなしにしないで」「同じ場所に返してあげて」「みんなのおうちに帰ってからではだめだよ。それでは自分のおうちに帰れないよね。ここの虫は、この場所、木、空気に住んでいるんだよ。この場所で逃がしてあげてね」と虫とのかかわり方を教えてくれました。虫捕りは、遊んだあとにそっと返してあげることまでが、ワンセットになっているということを教わりました。そう考えると、飼育するっていうことも、自然に返すところまでがワンセットなのかなって感じます。

ミユキ

　小さないのちと共存する私たちは、「飼う」という意識ではなく「虫といっしょに生活する」という気もちで共に暮らし、最後には自然にもどすところまでを考えていかないといけませんね。時には死んでしまうかもしれない。そのときは「なぜ、死んでしまったのだろう？」と子どもたち

といっしょに考える機会にしていく。「であい」から「別れ」までを多様な価値観で見守ることが大事なんですね。

4 「なんでミカちゃんだけ！」
いざこざの中で自分の思いを出す保育とは？

〔4歳児 9月〕

ハヤト

エピソードの書き手：4歳児クラス担任　**ハヤト先生**

●ミカについて

ミカは自閉症スペクトラムと診断されており、衝動性が強く言葉で表現することも少ない。入園まで同年齢の子どもとのかかわりがほとんどなかった。大きな音や声に敏感で、クラスの活動にも入りにくかった。ミカには配属3年目の加配の先生^{*2}がついている。

●エピソード

子どもたちは、新聞紙を丸めてそれにビニールテープを巻きつけ、剣づくりを楽しんでいた。ものづくりが得意なユイトは、とりわけ1本の剣を大事にしており、ビニールテープで頑丈に補強し、その剣を家に持ち帰っては、翌日にまた園に持ってくるという熱の入れようであった。

ある日、ユイトが大事にしていた剣をミカが触った。ユイトは「触らないで！ それ、ぼくの！」と怒ったので、ミカは驚いて持っていた剣を放り投げてその場から走り去った。

ユイトは怒りながら、ミカが投げた剣を拾った。保育者は、ユイトが剣を大事に思っている気もちを大切にしつつ、ミカも悪気があったわけではないことを伝えたいと思った。「ユイトくんの剣、とってもかっこいいね！ きっとミカちゃんもかっこいいなって思って触りたくなったんじゃない？」と話すと、「だってぼく、つくるの得意だも

ん！」とユイトはまんざらでもなさそうな表情になった。「こんなに
かっこいい剣だったら先生も触りたくなるよ。きっとミカちゃんも同
じ気もちだったんじゃないかな」と続けると、「ミカちゃんも、『触ら
せて』って言ったらいい」とユイトは気もちを切り替えた。

その後も、ミカがユイトの剣を触ることがあった。ユイトはそのつ
ど、「『貸して』って言って！」と怒っていた。それでも、保育者がミ
カの代わりに謝ったり、「みせてね」など代弁したりすると、納得し
ているようだった。

そんなある日、またミカが何も言わずユイトの剣を触った。保育者
がいつものようにフォローすると、「なんでミカちゃんばっかり！」
とユイトは怒って泣き出した。保育者はミカが言葉では伝えられない
ことを気にして、すべて代弁していた。しかしユイトは、保育者では
なく、ミカ本人に自分の言葉で言ってほしいと思っていたようである。
なぜミカだけは友だちのものを勝手に触っても怒られないのかと、ユ
イトが納得できていなかったことに保育者は改めて気がついた。

ユイトが泣きながら怒ったことで、ミカは驚き、走って逃げていっ

た。その姿をみてユイトは、「また逃げた！ ミカちゃんばっかり！」とますます泣いて訴えた。他の友だちといざこざになった時は、追いかけてまで自分の気もちを相手に伝えに行くユイトであるが、ミカには遠慮しているのか、この時は、その場で泣きじゃくるのみであった。

ユイトの思いに気づいたので、保育者は、「ミカちゃんを追いかけて、話そう！」ともちかけた。ユイトは「行く！」とミカを追いかけ始めた。職員室にいたミカをみつけ、「なんでユイトの剣ばっかり触るの！『貸して』って言ってないのに！」と思いの丈をぶつけた。ミカはユイトのあまりの勢いに驚いたのか、この時は、その場から一歩も動かなかった。ユイトは自分の言いたいことを全部伝えたので、すっきりした表情でミカをみていた。

「ミカちゃん、『貸して』って言ったらユイトくんも怒らないって」と保育者がユイトの言葉を補うと、ミカも保育者の真似をして「貸して」と言った。するとユイトは「もう今日はだめ！」と言って保育室にもどっていった。

ユイトだけでなくクラスの子どもたちも、ミカには少し遠慮し、どこか一線を引いているように感じられた。保育者はクラスの子どもに、「ミカちゃんにも、いやな時は『いや』『やめて』って言っていいんだよ。だって同じクラスの友だちなんだから。ミカちゃんにも怒ったらいいんだよ」と伝えた。しかし、ミカに対するクラスの子どものかかわり方がすぐに変わったわけではなかった。一方、ユイトは、ミカが触りに来ると、触る前に「『貸して』って言って」と声をかけるようになった。また、「ミカちゃんにはこっちあげるから」と違う剣を渡したり、時には本気でけんかをしたりするなど、ミカに遠慮することがなくなっていった。

そのようなユイトとミカの姿をみて、クラスの子どもたちも少しずつ「ミカちゃん、やめて」「ミカちゃん、順番」と、いままで我慢し

ていたことをはっきりと言うようになった。ミカもクラスの友だちとのかかわりが増えたことで、「ありがとう」「ごめん」「貸して」など、友だちとのかかわりで必要な言葉をおぼえて使えるようになり、お互いに本音でつきあえる関係が結ばれていった。あるがままのミカがクラスの子どもたちに受けとめられたことで、子どもどうしのつながりがより親密になっていった。

●座談会

ハヤト

　いざこざの当事者である子どもどうしをつないでいきたいという思いがなかったわけではありません。でもいつのまにか、いざこざを解決しようとしてミカの思いを代弁するようになっていました。ユイトの言葉から、そのことに気づかされました。いざこざを解決するためのかかわりは、ユイトの気もちによりそったものではなかったと思います。

　子どものリアクションから、保育者がハッとさせられるのは日常茶飯事ですよね。子どもの姿から自分の保育を日々、ふり返ることが大切です。
八代
　ユイトはミカを特別視せず、対等な立場で素直に自分の思いを出していたけれど、ミカに遠慮していた子どももいました。ハヤト先生のミカに対する見方が、クラスの子どもに影響していたのかもしれませんね。

高石

　ハヤト先生は、このエピソードから、ミカと周りの子どもたちの育ちをどのように読みとっていますか？　私は、「10の姿」で言うと、「協同性」や「道徳性・規範意識の芽生え」が当てはまるように思います。

ハヤト

　ミカに遠慮するのではなく、同じクラスの友だちとして、一人ひとりが自分の思いを出してほしいと願っています。ですから、そのような育ちを大切に考えています。

　もちろん、4歳児のいまの時期にすぐそうなってほしいということではありません。小学校に行くころまでには、自分の思いも出せて、ミカと接する術（すべ）も身につけてほしいと思っています。自分も楽しい、ミカも楽しい、周りの友だちも楽しいと感じられるような方法を考えたり、お互いにフォローしたりできる仲間づくりをめざしたいと思っています。「10の姿」に当てはまっていないかもしれませんが、私がクラスづくりで大切に考えていることです。

石巻

　仲間づくりって大事ですよね。ミカを特別扱いするのではなく、ミカと仲良くかかわれるようになる……。でもまったくみんなと同じではなく、少し違うけれど特別扱いではない……。一歩まちがうと、特別扱いになってしまいそうでむずかしいです。

ハヤト

　子どもにとって平等であるとか、公平にするってどうすることだろう？　考えれば考えるほどむずかしいです。

日田

　そのことに関連して、加配の先生は、どのようにミカに接しておられますか？

ハヤト

　とにかく仕事熱心で一生懸命な先生なので、ミカのためにといろいろ考えてくれます。おもちゃを家から持ってきたり、落ち着くスペースをつくったりもしてくれま

す。でもその分、ミカと二人だけの世界ができあがっているような感じです。周りの子どもたちも、加配の先生は「ミカちゃんの先生」と思っているようです。このことは気になっているのですが、加配の先生は子どもが在園している時間のみの勤務なので、なかなかミカの支援について掘りさげて話し合う時間がとれずにいます。

日田

子どもの思いを代弁するのは、問題を大きくしないためではありません。子どもどうしをつなぐため、子どもどうしでいざこざを解決できるように支援するためです。だから、子どもの思いを代弁ばかりする保育者には違和感をおぼえます。子どもの内面が成長する機会を奪うような保護的な支援になっているように思うからです。

また、加配の先生は、ミカの訓練をするためについているのではありません。ミカがみんなといっしょに楽しさを味わえる、そして、みんなもミカといっしょに楽しさを味わえる、みんなが集団の中で心地よく過ごせる支援をおこなうためです。

このように考えると、園で必要になってくるのは個別の計画ではなく、共生計画ではないでしょうか。

石巻

共生計画？ はじめて聞きました。新任の時の研修で、個別の教育支援計画と個別の指導計画という言葉を聞いたように思いますが……。個別の教育支援計画や個別の指導計画と共生計画の違いって何ですか？

日田

個別の計画というのは、一人ひとりの育ちを支援するために、目標と手立てをあらかじめ計画するものです。本来は、障害のある子どもにだけでなく、すべての子ども

に必要なものです。ところが、障害のある子どもにだけつくられるために、特別な「カルテ」のようになってしまって、結果として他の子どもたちから切り離された活動をすることにつながってしまっている園もあります。

　一方、共生計画というのは園の全体的な計画の中にすべての子どもを位置づけるということです。個別の計画は、一人ひとりの子どもの願いに子どもへの願いを重ねて立てられるものですが、それは、共生をすすめる全体的な計画から切り離されてはなりません。

　　共生計画というのは一人ひとりの計画ではなく、園の全体的な計画ということですか？

　　全体的な共生計画を立てた上で、個別の子どもがどのような経験をしていくのか、それはどのような支援をすれば実現できるのかを考えていくのが個別の計画になります。個別の計画は、全体的な共生計画の中に一人ひとりの子どもを位置づけ、誰一人はずさないようにするものでなければなりません。全体的な計画も、個別の計画も、いずれもが共に育ち合える共生の計画になっていることが必要です。

　　ミカを含めみんなが楽しく過ごす、いっしょに成長していくための計画ということですか？

　　はい、そうです。そのために４つの側面を意識した計画があるといいなと私は思います。

４つの側面ですか？

　　　第１の側面は「共生のための保育・教育」です。子どもどうしの共に生きる関係を育み、共生社会を実現するという目的をもって全体計画を立てるということです。第２の側面は「共生としての保育・教育」です。「教育は共育だ」と言われます。この視点に立ってすべての子どもを包み込む計画を立てるということです。そのためには、これまでの保育・教育の内容や方法を問い直すことが必要になるかもしれません。

　　　いまある計画を見直し、共生計画にしていくということですよね。

　　　そのとおりです。第３は「共生をとおしての保育・教育」です。遊びや行事などをとおして一人ひとりの子どもの育ちを支援する具体的な計画を立てるということです。そのためには、子ども理解と子どもへの願い、環境整備や合理的配慮を含めた手立てを明らかにすることが必要です。第４が「共生についての保育・教育」です。障害や人権について、目の前のできごとや絵本などをとおしてみんなで学ぶことも大切です。

　　　子ども一人ひとりを理解し、育ちを支援し、そして共に生きていく保育・教育。むずかしいけれど、やりがいがありそうですね！　さっそく園の計画を見直してみます！

ハヤト

　　　ミカを含めたクラスの子ども全員が楽しく過ごせるような共生計画をもう１度考えてみます。また、加配の先生ともしっかり話し合って、ミカだけの先生にならないよう、ミカもみんなもいっしょに楽しく過ごすための支援について考えていきたいと思います。

＊２　加配とは、発達障害、自閉症、言葉の遅れなどやその他の障害があると認められた子どもに対して、保育士や教諭が配置される制度である。保育所では厚生労働省の制度として全国で実施されているが、幼稚園の場合には各教育委員会の予算で実施されており、地域差がある。幼稚園には、加配以外に、文部科学省の特別支援教育支援員の制度がある。「幼稚園、小・中学校、高等学校において障害のある児童生徒に対し、食事、排泄、教室の移動補助等学校における日常生活動作の介助を行ったり、発達障害の児童生徒に対し学習活動上のサポートを行ったりするため」（文部科学省ＨＰ）に学校園に特別支援教育支援員を配置するための地方財政措置がとられるようになった。幼稚園は、2009（平成21）年度から開始されている。

「男の先生」と言われない日をめざして

◉

辻木愼吾

　私が幼稚園教諭をめざして前職を辞めたころ、男性保育者の割合は全国で1%以下でした。短大や大学などの養成校に入学する男性の割合が低いのはもちろんのこと、男性に門戸を開いている養成校がまだまだ少なかったころです。そのような時代背景の中、幼稚園実習中にであった女児の保護者の言葉を今も鮮明に記憶しています。「しんご先生は信用できますが、私の子どもの担任に男の先生はちょっと……抵抗があります」と苦笑いされていました。

　幼稚園教諭として採用され、この20年あまり私が心がけてきたことがあります。それは「女性幼稚園教諭」「男性幼稚園教諭」ではなく、一人の「幼稚園教諭」として認められることです。子どもたちや保護者はもちろん、ともに働く仲間、行政や地域の方々などに、一人の幼稚園教諭として純粋に評価していただきたいという思いです。「珍しいし、男性も一人ぐらいいてもいいよね」「男の人がいると、力仕事が助かっていいよね」「男性がいて、雰囲気が変わって新鮮だよね」……、私がよくかけられた言葉をめぐって、うれしい思いと戸惑いが交錯していました。

　幼稚園教諭になって2年目の終わりのことでした。卒園目前の5歳児の一人（男児）が文集の「大きくなったら（将来の夢）」の職業について、「幼稚園の先生になりたい！」と書いてあるページにであいました。後日、その男児の保護者に文集のことについてたずねてみると、「息子はしんご先生がこの幼稚園にいてくれたことで、きっと自然にあこがれの気もちが生まれたんだと思います」とのことでした。私は、自分の存在自体が子どもたちに大きく影響していることを知りとてもうれしく、この職業を選択してよかったなと実感し、とても励まされました。

また12年目、卒園式が終わり園庭で子どもと保護者を見送っていた時に、一人の保護者が私のところに来ました。この卒園児は私が担任していませんでしたが、その保護者は「先生はきっとおぼえていないでしょうが、私がこの幼稚園に決めたのは、しんご先生の一言があったからなんですよ。毎日の子育てに悩み、余裕がなくなっていたころに、この幼稚園の見学に来たんです。その時に園のことを案内してくれたしんご先生が『お母さん、お二人のお子さんを育てられて、がんばっていますよね〜。本当にすごいですね』と言ってくれたんです。こんな先生がいてくれる幼稚園なら大丈夫だって思ったんです」とおっしゃいました。私はそう伝えたことを正直はっきりとはおぼえていませんでした。しかし、それは私自身が1歳になろうとする息子の育児休業を1年間取得し、園に復帰した時だったので、育児の大変さを身に染みて実感していたのだと思います。この保護者は、私を「男性幼稚園教諭」ではなく、子育てをしている保護者によりそう一人の「幼稚園教諭」として受けとめてくださったように感じました。

　まだまだ長い年月がかかるかもしれませんが、いつの日か男性保育者の存在が特別ではなくなる日が来ることを願っています。

5 「だって、ジャンケン弱いから負けるもん」
けんかやいざこざでつながる保育とは？

〔5歳児 5月〕

カオル

エピソードの書き手：5歳児クラス担任　**カオル先生**

●サラについて

　進級当初は、年長のクラスになったことを喜んで登園してくる子どももいれば、はじめてであう担任や保育室という新しい環境に少し不安げな表情を浮かべ、緊張した面もちで登園する子どももいた。初日から積極的に保育者に話しかけ、自分から友だちと誘い合って遊び出す子どももいる一方で、サラは登園時に母親と離れることが不安そうであった。友だちの遊びに入っていくのに戸惑い、はじめてのことになると表情がくもり、自分からはすすんでしようとはしなかった。

　保育者はサラのペースや個性を受けとめつつ、「自信をもって生活してほしい」「遊びの中で友だちとつながっていってほしい」などを意識してかかわるようにしてきた。少しずつではあるが、サラは友だちと遊び出し、保育者にも話しかけるようになり、自分からコミュニケーションをとる姿もみられるようになってきた。

●エピソード

　花の水やりや給食の準備など、5歳児ならではの当番活動は、子どもたちのあこがれであった。進級後、当番活動のためにはじめてのグループを自分たちでつくり、グループの名前を決めることになった。保育者は、「はじめてのグループの名前は動物にしようと思うけど、どう？」と問いかけた。子どもたちはすぐに「いいよ！」と応答

した。そこで、「動物の名前だったらなんでもいいよ〜」と提案した。「何の動物がいいかなぁ〜」などと言いながら、子どもたちはさっそく自分の好きな友だちを誘い、４つのグループに分かれた。

　その後、グループの名前を決める話し合いが始まった。４つのグループのうちの２つのグループではそれぞれの考えが出し合われていた。話し始めてから数分が経過すると、「それ、いいね！」「ショウヘイくんといっしょだなぁ〜」「じゃあ、ワニにしよう」などと、子どもたちは自分の考えを言ったり、友だちの提案に同意したりしていた。

　保育者は、まだ名前の決まってない２つのグループの様子を気にしながら、双方のグループの間を行き来した。「ナナミちゃんは何がいいの？」「困ったね、どうやって決めようかな？」などと、子どもたちの思いをつなごうとしていた。すると、保育者がかかわっていなかった方のグループの一人が大きな声で「先生、決まったよ！　ライオングループ！」と言った。

　まだ名前が決まっていないのは、サラたちのグループだけとなった。グループの四人の表情はさえない感じだったので、一人ひとりの考え

を聴くことにした。カズキから「チーター」、サラとナナミから「ウサギ」、ヨウタから「コアラ」と異なる動物の名前が出てきた。「どれもいい名前だから、困ったね。でも1つに決めてほしいんだけど、どうしようかなぁ～」とつぶやくと、カズキが「ジャンケンで決めよ～」と提案した。「カズキくんはジャンケンしよって言っているけど、どうする？」と保育者は他の三人の顔を見渡した。ナナミとヨウタは「いいよ」という表情でうなずいたが、サラは納得していない感じであった。

　保育者は表情が晴れないサラに、「サラちゃんは、ジャンケンいやなの？」とたずねてみた。「いや～」と小さな声で言うサラに、「なんでいやなの？」とたずねると、「だって、ジャンケン弱いから負けるもん」と自信なさそうな声で言った。「そっかぁ～、でも勝つかもしれないよ」と保育者がつぶやくと、そのやりとりを周囲でみていたほかのグループの子どもたちの中から、「サラちゃんはジャンケン強いよ～」「そうそう、この前ヘビジャンケンの時、サラちゃんに負けたもん～」「先生も負けてたよね～」という声が飛び交った。

　さらに、「ナナミちゃんもウサギだから得だよ～」と、二人がウサギを支持しているので、グループ名がウサギになる確率が高いことを知らせる子どももいた。それを聴いていたサラの表情が少し緩んだように感じたので、もう1度サラに「サラちゃん、どうする？」とたずねてみた。サラは「ドーンジャンケンだったらいいよ」と、ヘビジャンケンの時のかけ声と身振りで伝えた。「じゃあ、そうしよ～、いくよ～、ドーンジャンケンポイ！」と四人で両手を合わせてジャンケンをした。その様子をクラス中の子どもたちがドキドキしながら見守った。

●座談会

カオル

　私の園では、花の水やりや給食の準備など5歳児ならではの当番活動があります。そのため、進級してはじめてのグループを自分たちで決めて、名前を考え合う時間を設定しました。私は「動物の名前だったら何でもいいよ〜」と、1つだけ条件を伝えました。自分の考えた動物の名前を言う子どもや、友だちが言った動物の名前を聞いて、「それいいなぁ〜」「ぼくもイヌがいい〜」「それにしよっ！」などと、すぐに友だちの考えに同意する子どももいました。

　その一方でサラは、自分の思いをすぐには伝えず、友だちの会話を聴きながら、だんだんと表情がくもっていきました。サラの思いを受けとめ、それを周りの子どもに何気なく伝えたことがきっかけになり、サラを励ます子どもも出てきました。以前、サラがヘビジャンケンをして強かったことや、ナナミもサラと同じウサギを支持しているので、グループ名がウサギになる確率が高いことを知らせてくれました。周りの子どもたちの応援によって、サラの心が少しずつほぐれていったように思います。

石巻

　どうしたらサラちゃんがジャンケンをしてくれるのか？　納得してくれるのか？　どうやったらサラちゃんの気もちを変えられるのか？　と必死に考え合っている子どもたちの姿が目に浮かびます。

カオル

　自分の思いがあるのに、周りの考えにすぐに合わせてしまう子どももいました。友だちの考えを聞いて「それもいいな」と気もちが変化して同意することと、「本当は自分の考えを主張したいけれど」と思いつつ、友だち

に合わせてしまうこととは違います。自分の思いを主張する姿や、いろいろな考えの中で葛藤する姿を大切にして、子ども一人ひとりの思いが十分に発揮できるようなクラスづくり、仲間づくりをしていきたいと考えています。

八代

異なる動物の名前が出し合われた時、カオル先生は子どもたちに決め方を提案されませんでしたよね。そして、「どれもいい名前だから、困ったね。でも1つに決めてほしいんだけど、どうしようかなぁ～」と、先生の迷いをありのまま子どもたちの前に出されました。このようなことが保育では大事ではないかなと思います。

　子どもと主体的な生活をつむいでいく中で、保育者にも困りや迷いが出てくる時があって、保育者は、ついそのことを子どもにみせないで自分の中だけで解決しようとしがちです。でも本当にそれでよいのかと思ったりするんですよね。

日田

カオル先生の言葉で、子どもたちは自分たちで決めなければならないと、決定の場面に主体的にかかわるようになったと思います。カオル先生の迷いは、サラちゃんのグループだけでなく、ほかのグループの子どもにも伝わったかもしれないですね。先生の迷いが伝わったので、周りの子どももこの場面に主体的にかかわっています。それぞれの子どもたちがグループの名前を決めることに主体的にかかわり始めた。それを子ども一人ひとりの個性をよく知っているカオル先生が仲立ちされたことで、誰もが自分の思いや考えを自由に発言することが保障されましたね。

「10の姿」で言えば、「協同性」や「思考力の芽生え」が子どもたちの関係性の中で培われている実践ですね。「共通の目的の実現に向けて、考えたり、工夫したり、協力したりし、充実感をもってやり遂げる」ことができるようになった子どもの姿が伝わってきます。また、「自分と異なる考えがあることに気付き、自ら判断したり、考え直したりするなど」して「自分の考えをよりよいものにする」ことができるようになった子どもの姿もよくわかります。

私が心を惹かれたのは、途中で考え直してジャンケンで決めることに納得できたサラちゃんの姿よりも、子どもたちがみんなで一生懸命に考えを出し合う中で、サラちゃんのことを認めていく周りの子どもの姿でした。これって「10の姿」に当てはまるのかどうかわかりませんが……。

「10の姿」に当てはめて納得しようとするよりも、自分の感性に響く子どもの姿をとらえようとすることが大切です。保育現場や研修会の指導案づくりや事例検討において、「10の姿」に当てはめようとするあまり、以前のような深い読みとりができなくなっているのではないかと心配しています。「10の姿」をよりどころにして子どものことがわかったつもりになっていませんか？ わかったつもりになると保育者は安心してしまいます。それ以上、広く深く考えようとせずに、安易に納得してしまいます。

保育者が、子どもの姿を「10の姿」に当てはめる、それは意図的であれ、無意図的であれ、子どもの内面がみえない保育になるのではないでしょうか。「10の姿」にとらわれてしまうことによって、子

どものあるがままの姿や保育を掘りさげなくなる。そのような危うさを問題提起したいです。

「10の姿」の観点から子どもの姿や育ちをとらえると、実践の意義をわかったつもりになってしまうことがあるということですね。わかったつもりになることは自分の視野を狭めてしまう。怖いことです。もっともっと自分の感性や経験を活かして、子どもたちの思いを掘りさげなければなりませんね。

高石先生が言ったように、わかったつもりになることは怖いですね。このエピソードでは、子どもどうしの共鳴し合う関係性にも注目したいです。資質・能力と言われる個人の力ではなく、想像力や気もちの分かち合いなど、関係性の中で発揮される力のはたらきによって、サラちゃんの気もちがだんだん変化しています。この場面では、子どもたちの「共感性」がおおいに発揮されているんですよね。

「共感」は「道徳性」を構成する要素の1つです。とはいうものの、共感することで道徳性を育てようとしているわけではありません。保育者は、子どもたちのピュアな気もちによりそうことで、結果的に「道徳性の芽生え」を培っているのかもしれません。私は、能力を個の力として断片化するのではなく、関係性の中で互いに共感を深めていくことが大切だと考えます。「あてがいぶち」のような「10の姿」による「子ども像」の枠には収まりきれない、子どもの内面に刻々と育つ力を読みとろうとする保育者の姿勢が大切です。

カオル

　子どもたちといっしょに生活する者として、保育者が一人ひとりの子どもの思いを尊重する中で、時には保育者自身の思いや考えをぶつけたり、あえて子どもたちの思いを揺さぶったりしながら、共に生活をつくっていく営みが大切なんだと感じています。保育者が子どもたちから教えてもらい、気づかされて学ぶこともたくさんあります。それらを大切にとらえていくことで、子どもたちとの信頼関係も深まり、みんなが居心地のよいクラスとなっていくように思います。これからもそんな仲間づくりができる保育者でありたいと思います。

6 「バッタはカマキリのエサじゃない！」
互いの思いを出してつながる保育とは？

〔5歳児 9月〕

ツバサ

エピソードの書き手：5歳児クラス担任　**ツバサ先生**

●セイジについて

　4歳児クラスの時、セイジは廃材を使って車やロボットを一人で黙々とつくっていた。自分の思いはもっていても、全体の場やかかわりが少ない友だちに対して、自分から思いを伝えることは少なかった。そのため、いやなことがあると、その場からいなくなってしまうことが多かった。

　5歳児クラスになり、廃材で虫をつくったことがきっかけとなり、虫が好きなアヤカやタクミとのかかわりがみられるようになってきた。しかしアヤカに強く言われると、自分の意見を言わずに泣いてしまうことがあった。

●エピソード

　9月、園庭にバッタが出てきた。虫が好きなアヤカとタクミは、毎日のようにバッタを捕まえて虫かごに入れていた。虫が苦手なセイジは、アヤカとタクミが捕まえたバッタをいっしょにみたり、バッタのエサになる草を採ってきたりするものの、自分でバッタを捕まえることはなかった。二人はセイジに「バッタは噛まないよ」「赤ちゃんだったら怖くないんじゃない？」と言いながら、バッタ捕りに誘っていた。

　いままでも、捕まえた虫は飼育ケースに入れて廊下に置いていたので、捕まえたバッタを入れた飼育ケースも廊下に置くようにした。

虫に興味がなかった子どもも、バッタの生態を観察するようになり、「あっ、草食べてる！」「うんちした！」とバッタに関心を示すようになっていった。やがてセイジは、アヤカやタクミといっしょにバッタをさがしているうちに、バッタに触れるようになり、自分で捕まえることもできるようになった。

　そんなある日、タクミがカマキリを捕まえた。カマキリは生きた虫を食べるので、バッタと別の飼育ケースに入れることにした。アヤカとタクミは意気込んで、カマキリのエサにするためのバッタをさがし、捕まえたバッタをカマキリの飼育ケースに入れた。しかし、すぐさまカマキリはバッタを捕食するわけではなかった。そのためクラスの子どもたちは、カマキリの飼育ケースを特に気にかけてはいないようだった。

　数日がたったころ、飼育ケースの中のカマキリがバッタを捕まえて食べているところをタクミがみつけた。タクミが「カマキリがバッタ食べてる！」と大声で叫ぶと、他の子どもたちも「みせて、みせて」と集まってきた。子どもたちは息をひそめ、カマキリがバッタを食べる様子をみていた。すると誰かが「バッタ、かわいそう……」とつぶやいた。「バッタがかわいそう」「バッタ入れないで」という声が次々と出てきた。それを聞いたアヤカが「カマキリの食べるものがなくなる！」と言うと、タクミも「カマキリがかわいそう」とあとに続いた。

何人かの子どもはアヤカとタクミに同調した。虫に興味がないので「我関せず派」の子どももいないわけではなかったが、クラスが「バッタ派」と「カマキリ派」に分かれて、カマキリのエサをどうすべきかで言い合いが始まった。

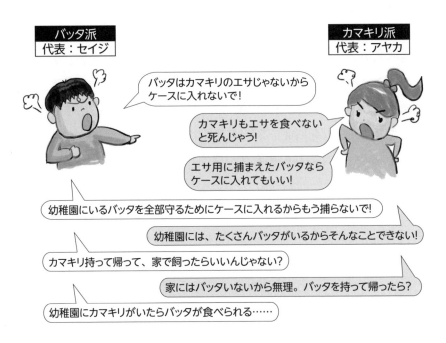

保育者が「セイジくんは、幼稚園のバッタが食べられるのがいやなの?」とたずねると、「バッタが食べられたらかわいそう」と泣きながら言う。セイジが泣いたことで、強硬なカマキリ派だったアヤカとタクミも、「カマキリもかっこいいよ」「全部のバッタは食べないよ。時々ダンゴムシも食べるから」と少し態度を和らげ始めた。「バッタは草を食べる。カマキリは虫を食べる。食べないと死ぬから」「カマキリも死んだらかわいそうだよ」と一生懸命セイジに話し始めた。しかしセイジは、「バッタがかわいそうだから食べたらダメ」と泣き続け、カマキリ派は必死にセイジをなだめようとした。保育者は子ども

どうしのやりとりを聴きながら見守り続けることにした。

　他の子どもたちは徐々にその場から離れていき、最終的にはバッタ派のセイジとカマキリ派のアヤカとタクミだけが残った。セイジは「バッタがかわいそう」と泣き続けた。アヤカとタクミはどうしたらよいのかわからず、困った表情で保育者を見あげ、保育者も困った表情で見返した。

　タクミが「カマキリは死んでもかわいそうじゃないの？」とセイジに聞くと、「かわいそうだから逃がしてあげてよ」と答えた。するとアヤカが「カマキリだけ逃がすのはいや！」と少し怒った口調で返した。「だって逃がさなかったら、カマキリはバッタ食べるもん」とセイジが答えると、アヤカが「だったら、バッタを逃がしてよ」と言った。「逃がしたらバッタが食べられる」とセイジが言い返した。次第にどちらの虫を逃がすのかという言い合いに変わっていった。

　セイジもアヤカも「そっちの虫を逃がしたらいい」と譲らない。カマキリ派のタクミが何も言っていないことに気づいた保育者は、「タクミくんはどう思うの？」とたずねてみた。するとタクミは、「どっちも逃がしたらいいと思う」と答えた。「カマキリ逃がしていいの？」とたずねると、「カマキリもバッタもいつでも捕まえられるから」とタクミは言った。

　それを聞いたアヤカが「両方逃がすんだったら……」という表情に変わっていった。保育者が、「カマキリもバッタも、狭い飼育ケースの中より広い外の方がいいかもね」と言ってセイジの顔をのぞきこんだ。セイジはまだ納得していないような表情だった。保育者は「外だったら、バッタもうまく逃げられるから、カマキリに捕まらないんじゃない？　またバッタと遊びたい時は、セイジくん上手に捕まえられるようになったから、アヤカちゃんやタクミくんと捕まえたらいいんじゃない？」とすすめた。するとセイジはバッタを逃がすことに納

得した。

　セイジは、バッタがカマキリに食べられないようにと、サツマイモ畑に逃がしに行った。その一方で、アヤカはサツマイモ畑から離れた花壇にカマキリを逃がした。

　その後も、子どもたちはバッタやカマキリ、他の虫を捕まえることがあった。しかし子どもたちの対応には変化がみられるようになった。その日のうちに捕まえた虫を逃がすようになったのである。セイジはまだカマキリには触れようとしないが、アヤカやタクミといっしょにいろいろな虫をさがして楽しんでいる。

●座談会

ツバサ

　カマキリもバッタも何かを食べて生きているから、バッタ派の子どもの言い分も、カマキリ派の子どもの言い分もよくわかるんです。だから、バッタ派とカマキリ派で言い合っている時にどうすることもできずに見守るしかありませんでした。子どもたちがいのちの大切さについて考えられる場面だったと思うので、もっと他のかかわり方があったのではないか、どのようにかかわればよかったのだろうと悩みました。

　また５歳児になれば、自分の思いを相手に伝えるために、自分なりの言葉でここまで伝えることができるのだと驚きました。特にセイジが、ここまで自分の意見を主張できたのは驚きでした。苦手だった虫に触れるようになってからは、毎日、バッタの世話をしていたので、バッタへの思い入れが誰よりも強かったのだと思います。

高石

「10の姿」の「自然との関わり・生命尊重」がぴったり当てはまるエピソードですね。

日田

「10の姿」の「自然との関わり・生命尊重」の項目に当てはめると、「バッタが食べられてかわいそう。バッタにもいのちがあるんだよ。別々の飼育ケースに入れようね」となってしまいませんか？

　ツバサ先生は、保育者の目線で話し合いをまとめようとしないで、子どもが自分の思いを存分に出し合うことを保障するために、「待つ」保育をされました。保育者が「10の姿」を意識しすぎると、「待つ」ことができなくなるように思います。待てずに「10の姿」に子どもを引っぱる言葉をかけてしまいませんか？「10の姿」に当てはめ、生命尊重について指導しなければならないととらわれすぎてしまうと、動植物の生命（いのち）だけが大切にされ、子どもたちの生き生きした生命（いのち）が無視され、尊重されなくなるように思います。

石巻

「待つ」保育ってむずかしいです……。私だったら「バッタはエサじゃないよね」って言ってしまうと思います。

ツバサ

この時は本当にどうすればよいのかわからず、どちらか一方の味方をすることもできず、オロオロしていたんです。ただ、このまま次の活動に入ってはいけないということだけは感じていました。とにかく、子どもたちがどう折り合いをつけていくのかを見守ることにしました。

八代

ツバサ先生のように、子どもどうしのかかわりをじっくりと見守りたいと思うけれど、心に余裕がないと、子どもたちがいざこざや葛藤の中で自分の思いを出す機会を見逃してしまいますね。保育者の心のゆとりこそが子どもの豊

かな学びにつながるのに、いまの保育現場は時間に追われ、人手が足りないという状況になっています。これで本当に子どもの豊かな学びが保障されるのかな……。

セイジはバッタを逃がすことに納得したとツバサ先生は思われたようですが、本当に納得していたのでしょうか？ ツバサ先生が落としどころを決めたことで、セイジは納得せざるをえなかったようにも感じますが……いかがですか？

バッタを逃がしたので、セイジは納得したと思ったのですが、本心から納得したわけではないかもしれません。私は、セイジの背中を押すぐらいの気もちで「外の方がいいんじゃない」と言ったのですが、セイジは私の言葉を聞いて、その場の空気を読んで逃がしたのかもしれないですね。

自分が捕まえた大事なバッタなら、本当は逃がしたくなかったのかもしれないということですね。でもバッタがカマキリに食べられるのは、やっぱり残酷だと思います。

石巻先生が抱かれたような捕食が残酷であるという感性が子どもに伝わると、子どももそう思ってしまいます。バッタにもいのちがあり、カマキリにもいのちがある。もともと葛藤があるものですから、残酷という言葉だけでは片づけられないように思います。食べることで「いのちをつなぐ」というのは、食育にもつながる大切なテーマですね。

子どもたちは、捕まえた虫をその日のうちに逃がすようになりまし

たね。保育者に教えられたわけではなく、自分たちの思いを出し合いながら、自分たちで生活をすすめていく中で、折り合いをつけた結果ですね。自分の思いを出せるように時間を保障することで、子どもたちは自己主張したり友だちの意見をしっかり聴いたりしながら、共に生活していく知恵や術を身につけていくのだと思います。

八代

保育者は、その日のうちに解決すると落ち着きますが、子どもにとっては、必ずしもその日のうちに解決する必要はないかもしれない。もやもやした気もちが続くという経験が、5歳ぐらいの子どもには必要なのかもしれないですね。もやもやした気もちが続いている中で、自分の思いと相手の思いを互いに出し合い、折り合いをつけていくことで、自分たちで解決できたということにつながっていくと思うなぁ。

石巻

八代先生が言われた、保育者の心に余裕がないと子どもの豊かな学びが保障されないというのは、こういうことなのですね！

ツバサ

保育者は「10の姿」にとらわれすぎないことが大事ですね。子どもが自分の思いを出せる時間を十分に確保できるように「待つ保育」をするためには、保育者にも心のゆとりが必要であることがよくわかりました。

7 「ねっ、当てたらもどれるでしょ」
異年齢の子どもがつながり育ち合う保育とは?

〔5歳児 10月〕

ショウ

エピソードの書き手：5歳児クラス担任　**ショウ先生**

●ユウについて

　ルールのある遊びでは、自分たちでルールをつくりながら遊ぶ楽しさを味わってほしいと願い、あらかじめ細かいルールを提示することはせず、子どもたちに任せるようにしていた。4歳児クラスの時の転がしドッジボールでは、自分たちでルールを考え、意見が割れた時にはどちらも試してやってみた上で、どちらがよいかみんなで決めていた。5歳児クラスになり、ドッジボールで遊ぶようになっても、自分たちで必要に応じて話し合いをしていた。

　5歳児のユウは、体を動かして遊ぶことが好きで、走るのが速い。さっぱりした性格で誰とでも楽しく遊ぶことができる。ドッジボールでは、ねらったところに投げるのがとてもうまく、人を当てることはあっても自分が当たることはほとんどない。一方、勝ちにこだわることや、自分の思いどおりにならないと強い口調で相手を責めることもある。

●エピソード

　戸外遊びの時間になり、子どもたちは内野と外野に分かれてドッジボールで遊び始めた。その中に、これまで5歳児といっしょにリレーをくり返し楽しんでいた4歳児のカズマも入っていた。遊びがすすんでくると、ユウの足にボールが当たった。ユウは、「足はセーフ」

と主張して、外野に出ようとしなかった。それを聞いて、相手チーム
だった5歳児のリョウタは「顔はセーフだけど足はアウトだよ」と
言った。しかし、ユウは「足はセーフだし」と頑として譲らなかった。
強い口調で言い合うユウとリョウタの二人の姿をみながら、周りでユ
ウに「アウトだよ」と言う子どももいたものの、ユウの剣幕にたじろ
いだ様子でそれ以上言い返すことはなく、なかなか話し合いがすすま
なかった。そこで保育者は遊んでいた子どもたち全員を集めて、「ね
え、足はセーフなの？ アウトなの？」と、保育者自身がはっきりど
うなっていたか知らないから教えてほしい、というスタンスで問いか
けた。

　すると、周りの子どもは「アウト。顔から下はアウトだったし」「顔
は当たったら痛いからセーフになる」「うさぎ組（4歳児クラス）の時
の転がしドッジで足はアウトってみんなで決めたよねぇ」とぽつりぽ
つりと言い始めた。ユウはうつむいて聞いていたが、その次に4歳
児のカズマが「アウトだよ。だって、前、みんなで言ってたもん」と
真剣な表情と口調で主張すると、ユウはハッとした表情になり顔をあ
げた。さらにトシが「外野に行ってもまた当てたらもどれるから」と
言うと、ユウは「そうか。じゃあアウトでいい」と外野に出て遊びが
続いた。

　後日、いつものように誘い合ってチーム分けをし、外野になる子ど
もを一人ずつ決めて遊び始めた。カズマは白チームの内野、ユウは白
チームの外野、リョウタは青チームの内野にいた。遊びがすすんでく
ると、カズマの体にボールが当たった。一瞬、体を止めたカズマで
あったが、外野に出ようとしない。それをみたリョウタが「カズマく
ん当たったよ」と声をかけると「カズマ当たってない」と言う。「背
中に当たったよ」「当たってたよ」と周りの子どもに言われるが、カ
ズマは涙目になりながら「当たってない」とくり返す。保育者は「カ

ズマくん、前、足はアウトって言ってたから、どこがアウトかは知ってるはずだけどなぁ……。アウトの時どうしたらいいのかは知らないのかな」とつぶやいた。すると、リョウタは「カズマくん、当たったからあっちだよ」とユウのいる外野の方を指さした。

　カズマがなおも「カズマわからない」と言うと、カズマと同じチームのメンバーもカズマとリョウタのいるところに集まって、なりゆきを見守りだした。リョウタが「あっちでユウくんが教えてくれるからね」とカズマの手を取ると、カズマは少し安心した表情でリョウタと手をつないだ。二人でユウのところに行こうとすると、ユウは大きな声で「カズマくん、こっちおいで～」と呼んだ。そしてカズマが来るとユウは「カズマくん、また当てたら中にもどれるからね」と励ました。カズマはうなずいた。その様子を見守っていたほかの子どもたちはそれぞれ自分の場所にもどり、「ユウくーん、よろしくね～」「カズマくん、強く投げるんだよ」と声をかけ合った。

カズマはユウの横に立った。そのうち、ボールがユウとカズマのいる外野に飛んできた。そのボールをユウが取りにいこうとすると、カズマもいっしょについていった。カズマもついてきたことに気がつくと、ユウはカズマがボールを取れるように待った。そしてカズマがボールを持つと、「カズマくん、投げて」とうながした。カズマが投げたボールがたまたま相手チームの一人に当たった。ユウが「カズマくんもどれるよ」と言うと、カズマは満面の笑みで内野にもどっていった。カズマが内野にもどるのをみながらユウが「ねっ、カズマくん、当てたらもどれるでしょ～」と声をかけた。

●座談会

ショウ

　　　　　　５歳児の子どもたちがユウの剣幕に押され気味な中、４歳児のカズマがユウに対して遠慮せず自分の思いを率直に伝える姿がユウの中に響いていったようでした。また、そのカズマだったからこそ、ユウがカズマの気もちを引き受けてどうしたらよいのか考え、教えたり譲ろうとしたりする姿につながったのだろうと思いました。４歳児が５歳児に物申す姿もありながら、互いに気もちを伝えたり気づいたりする中で気もちが響き合っていく姿は、異年齢での自然なかかわりでこそ生まれるものであると改めて感じたエピソードでした。

八代

　　　　　　５歳児どうしならもめるのに、年下には遠慮したり譲ったりすることがあるけれど、この時、ユウが年下のカズマに言われてハッとしたのは、たんにカズマが年下だから遠慮したのではなく、その前にいっしょにリレーをずっとしてきた関係の中で、仲間意識があったからかもしれないなぁ。走るのが速い自分にあこがれているカズマにいいところをみせたいという気

もちもあったのかも。

　　　内野にもどれたこと、そんなふうにしてくれたユウとのかかわりが、カズマはうれしかったでしょうね。異年齢でのかかわりという視点でみると、5歳児のユウやリョウタたちに教えてもらったり譲ってもらったりしたカズマの経験は、カズマの育ちにつながると思います。次にカズマが5歳児クラスになった時、どのように年下の友だちにかかわっていくのか……。なんだか楽しみですね。

　　　私もそう思います。そうやって経験がくり返され、循環していくことが異年齢交流のよさですよね。季節を感じながら行事や活動を、3歳児、4歳児、5歳児とくり返し経験し、積み重ねていくことにも異年齢保育の意味があると思います。

　　　5歳児にとっても、自分が3歳、4歳だった時に5歳の友だちにどうしてもらったのか思い出すことで、「こんな時あったよなぁ」と3歳、4歳のころを懐かしんだり、自分が「お兄ちゃんお姉ちゃんになった」「大きくなった」と実感したりすると思うんです。これも子どもにとって大事なことですよね。

　　　子どもたちのこのドッジボールの遊びをみながら、「5歳児は4歳児に対して教えたり、思いやりを示したりするもの」「4歳児は5歳児に教えられ、あこがれの気もちをもつもの」、という一方的な関係ではとらえきれ

ないかかわりが生まれていると感じました。遊び仲間として互いに育ち合っているんだな、と受けとめました。

　そして、これまでの話を聞いて、さらにもっと深いかかわりがあることに気づきました。カズマが当たっても内野から出ようとしなかった時に「アウトの時どうしたらいいのかは知らないのかな」とつぶやきました。「カズマは知らないかもしれない」「4歳児のカズマは知らないものだ」という意味合いがあったと思います。そうした思いを子どもに感じさせてしまったかもしれません。私自身まだまだ4歳児と5歳児の関係を固定的に見がちなところがあると反省しています。

八代

　　　ショウ先生の、関係を一方的なものとして決めつけないでおこう、という心構えには賛成です。でも、この場面では、ショウ先生の「知らないのかな」という言葉が、それまでの当たったか当たっていないかという言い合いをこえて、カズマの気もちを考えるきっかけになっていますよね。ここで流れが変わったというか……。「4歳児のカズマは知らない」でなく、「目の前のカズマが知らない」、そしてさらにカズマが困っていることに気づいたからこそ、5歳児の子どもたちは柔軟であたたかい対応ができたんじゃないかなぁ。

高石

　　　「10の姿」の「道徳性・規範意識の芽生え」では、「きまりを守る必要性がわかり、……きまりをつくったり、守ったりするようになる」と言われています。そう考えると、ユウもカズマもルールを守らなかったわけですし、特にユウは5歳児の後半になっていたのだから、もっとルールを守るということを意識するような指導も必要だったのではないかと思います。でも、きっとショウ先生は、そのことよりも大切にしたいこと

があったのでしょうね。

八代

　ショウ先生は４歳児の転がしドッジの時からあらかじめ既成のルールを教えこむのではなく、その時その時でどうしたらいいか子どもたちで考えるようにしていたんですよね。もし保育者が「10の姿」にこだわり、ルールを教えこんで、ルールありきで遊ぶようにしてきたのであれば、当ったかどうかわからない、あるいは当たっても外に出ようとしない時、子どもたちはそばにいる保育者に判断を仰ぐでしょうね。そして、当たっても出たくないというカズマを一方的に責めたかもしれないなぁ。

日田

　ルールを教えこんでいたら、善悪の判断、つまり、守るか守らないか、正しいか正しくないかで考えがちになりますね。でも、この時の子どもたちはそうでなかった。ルールをあらかじめ決めないで自分たちで試してつくりあげるようにしてきたという土壌があったのでしょう。だからこそ、自分たちで話し合う姿になったと思います。ルールありきで遊んできたのか、ルールを自分たちでつくりあげるようにしてきたのかでは、一人ひとりの育ちをみても、仲間どうしのつながりをみても、違いが出てくるはずだし、違っていてほしいと思います。

ショウ

　そうですね。異年齢の子どもたちが温かい関係でつながると、そのつながりをとおして育ちが循環していく。そうなるためには、ルールやきまりありきの遊びではなく、自分たちでルールを生み出せる土壌が大切なのですね。自分がエピソードを書いた時には、異年齢の育ちが循環することや、そのために遊びはどうあるべきかまで考えがおよばなかったので、

今回学んだことにこれからも日々立ち返り、大切にしていきたいです。

ジェネレーションギャップ

●

見元由紀子

　幼稚園に勤め始めてすぐのころは感じなかったジェネレーションギャップ。最近はしみじみと感じることが増えてきました。

　数年前、5歳児を担任していた先生が職員室にもどるなり「今日、おもしろいことあってん」と話し始めました。

　降園時間に保護者が迎えに来るのが遅れている子どもがいたので、「お母さんの携帯に電話してみるわー。お母さん、携帯持ってる？」と聞いたそうです。すると、「お母さん、携帯持ってないねん」とのこと。いまどき珍しいなぁと思っていたら、「携帯は持ってないけどスマホは持ってる」と続けた子ども。その先生は「携帯じゃ通じないのか！」と驚いたと笑っていました。

　その話を聞いた時は、いっしょに笑っていました。しかし、それから数年後、私も子どもとのジェネレーションギャップを感じる機会に何回か直面することになりました。

　2年保育4歳児を担任した4月。はじめての絵画活動でなぐり描きをしました。「美味しくて長いスパゲッティを描こうね」と、子どもたちもぐるぐるスパゲッティを描いていました。できあがった絵を保育室に掲示し、次の日、子どもたちと「昨日、スパゲッティ描いたね～」と話をしていると、一人の子どもが「描いてない」と言います。掲示している絵を指さしながら「昨日描いたよ～」と言うと、その子どもは「ああ、パスタね！」と納得。スパゲッティではなくパスタ……。

　後日、体重測定が終わり、脱いだ服を着ている子どもが「ぼくの肩きりがない！」と探していました。肩きり？ 何だそれ？ 私の頭は「？」でいっぱい。すると「あったでー」と友だちが見つけてくれたのはタンクトッ

プ。なるほど、肩の部分がないから「肩きり」。3世代同居でおじいちゃん、おばあちゃんが「肩きり」と言っているそうです。祖父母と同居したことがない私は逆の意味でジェネレーションギャップを感じました。

　それから数年後、3年保育の3歳児。はじめての体重測定で私が「シャツは脱がなくていいよ〜」と言うと、一人の子どもの頭の上に「？？」が浮かんでいる。もしやこの子も肩きり派!? と思い、その子どものシャツを触りながら「これね、これは脱がなくてもいいよ」と再度伝えると、「インナーのことかー」と納得。肩きりでもなく、シャツでもなく、インナー！いまどきの子どもはシャツと言わずインナーって言うの!? これまたジェネレーションギャップを痛感。

　5歳児が大きくなったらなりたい職業を発表した時も、体操選手や野球選手、大工さんに交じってユーチューバーがありました。数年前には、聞かなかった職業です。子どもたちも家でユーチューブをよくみているようです。

　子どもたちが成人したとき、いまはない新しい職業が半分を占めると聞いたのはいつのことだったか……。きっと、私が想像もできない職業についている子どももいるはずです。どんな職業でも、その夢を叶えるために進んでいってほしいと思います。

8 「誰が嫌い?」
遊びでつながり友だちへの思いが変わる保育とは?

〔5歳児 11月〕

エピソードの書き手:5歳児クラス担任 **サクラ先生**

サクラ

●シュウについて

　四人きょうだいの末っ子。小柄で鼻水がよく出ていて、肌が乾燥気味である。家庭状況は、母親が仕事をかけもちしており、いつも忙しそうにしていて経済的に厳しいようである。洋服はきょうだいのおさがりが多い。そのため、汚れが残っていたり、体のサイズに合っていないぶかぶかのものを着ていたりする。

　園では友だちといっしょに遊ぶより、クラスで飼っているザリガニやカタツムリ、飼育小屋のウサギをみたり世話をしたりして過ごすことが多い。同じ場にいる友だちと話をすることはあるが、自分から友だちを誘うようなことはほとんどない。

●エピソード

　ある日の給食の時間のことである。隣の机から子どもたちの会話が聞こえてきた。リョウが「きりん組で誰が嫌い?」とたずねると、ユウキが「シュウちゃん」と答える。それを聞いたトオヤが「わかる、ぼくも」とあとにつづく。ほかの子どもも笑っている。シュウはその机から少し離れたところで食べていたので、会話は聞こえていないようである。

　「誰が好き?」ではなく、「誰が嫌い?」なのかというやりとりであった。背中越しにその会話を聞きながら、担任として大きなショッ

クを受けた。同時に、「どうしよう」とあせった。「そんなことを言ってはいけないよ」と言葉で知らせるのは簡単である。しかし、それでは子どもたちの中にある、シュウに対する思いそのものが変わることはないと思った。結局、その場では何も言わなかった。

　保育終了後、職員全員が集まった時にこのエピソードについて話をした。「シュウはウサギの世話が好きでウサギ小屋では友だちといっしょに過ごしている。だけどそれ以外の場所では、ほかの子とあまりかかわっていないから、友だちのいやがることもしない。そもそも『嫌い』と言われるほどのかかわりもないのに、なぜそのように言われるのかわからない」と自分の思いを率直に語った。

　職員からは、「明日、クラスでそのことについて話し合った方がいいんじゃない？」「私だったらその場ですぐに『そんなことを言ったらシュウがどんな思いをするか考えてごらん？』って聞くかな」「シュウの身なりや、一人でいることが多い姿から、『嫌い』というような見方になってきているのかも？」など、さまざまな意見が出された。また、「子どもたちの中にシュウの存在が意識されていないからじゃないかな」「もっとシュウがほかの子どもたちとかかわって遊ぶようにしたらどうかな」というような意見もあった。

　それらの意見を聞き、子どもたちの言動に対して注意をうながす前に、シュウが友だちともっとつながれるようにかかわっていこうと思った。

　ちょうどこのころ、クラスではおにごっこが流行っていた。シュウもおにごっこでは本気で走ったり、友だちを呼ぶ時には大きな声を出したりしていた。そこで、おにごっこならシュウも友だちとかかわれるのではないかと考えた。

　次の日、園庭に出ようとする子どもたちに「おにごっこをいっしょにしない？」と誘いかけた。「やろう、やろう」と口々に言いながら、

子どもたちは園庭に出て「おに決めしよう〜」と集まり始めた。シュウがウサギ小屋に行きかけたので、「シュウちゃんもおにごっこしない？」と誘ってみた。しかし、シュウは「ウサギの世話する」と言う。一瞬、強引におにごっこに誘おうかと迷ったが、シュウの気もちを大切にしようと思い、「ウサギのお世話が終わったらおいでよ」と言葉をかけて、ウサギ小屋にむかって駆けていくシュウを見送った。

　ほかの子どもたちといっしょに何度もおにごっこをしていると、しばらくしてウサギの世話を終えたシュウが「入れて」ともどってきた。ちょうどおに決めをしていたところだった。ほかの子どもたちは「いいよ」と、シュウをおに決めの輪の中に入れようと場所をあけた。おにが決まり、おにごっこが始まると、シュウは友だちといっしょにおにごっこを楽しみ、片づけの時間まで何度も何度もおにごっこをくり返した。

　その翌日、リョウ、トオヤ、ユウキたちが「おにごっこしよう」と誘い合っていると、シュウが自分から「入れて」と声をかけた。リョウたちは「いいよ。おにごっこする人増えた」と笑顔でいっしょに遊びだした。片づけの時間には「明日もしよう」と声をかけ合いながら、保育室にもどっていった。

サクラ

　秋の運動会が終わると、これまで以上に友だちとかかわって遊びたい、友だちといっしょに自分たちで遊びをすすめたい、という仲間意識が高まってきます。実際、この時期になると、子どもたちはかかわって遊ぶことを楽しむようになり、よく「誰が好き？」とたずね合う姿がみられます。だから、友だち関係への関心の高まりの一端として、なにげなく「誰が嫌い？」と問いかけたのかと思いました。けれど、やはりこのような発言が出たことは、これまでの保育で大切にしてきた仲間づくりの根幹を問われる衝撃的なできごとでした。

高石

　シュウのことが嫌いというのが、「好きでもないから嫌い」という程度の意味であったかもしれません。でも、仲間づくりということを考えると衝撃的ですね。サクラ先生の園で話し合われた、「かかわって遊べるようにする」ということだけでよかったのでしょうか？ 保育者は、周りの子どもたちがシュウのすてきなところに気づくような援助もしなければならないと思います。たとえば、ウサギが好きで、誰よりウサギのことを知っているシュウのよさが伝わるよう、ウサギから遊びや保育を展開するアプローチもあったのではないでしょうか？

サクラ

　いま思えば、シュウの好きなウサギに関連した遊びにほかの子どもを誘う方法もあったと思います。もっと頭をやわらかくすれば、いろいろな保育の展開が考えられたのですね。

同僚の先生方と話をされた時に、「かかわって遊べる
ようにする」という意見のほかに、「その場で友だちを
傷つけてはいけないと指導する」という意見もありまし
た。「10の姿」の「道徳性・規範意識の芽生え」という
ことから考えると、「してよいことや悪いことが分かり、自分の行動
を振り返ったり」する上で大事なことかもしれないと思います。でも
サクラ先生は、その場でも何もおっしゃいませんでしたね。そのあと
も、子どもたちの言動に対して、直接注意をうながすよりも、シュウ
が友だちともっとかかわれるよう援助していこうと考えておられます。
どうしてですか？

　リョウたちの会話がもしシュウに聞こえていたのだっ
たら、対応は異なっていたかもしれません。とにかくこ
の時は、保育者が一方的に言葉で善悪の判断を伝えたり、
友だちへの見方を変えるよう指導したりすると、「嫌い
と言ってはいけない」ということを学ぶだけで、シュウへの思いは何
も変わらないと思ったからです。

　私だったら、その場にいたら「そんなこと言っちゃだめ」
と言ったかもしれないです。

　私はきっとサクラ先生と同じように考えたと思います。
ただ私はシュウがウサギの世話をすることについては、サ
クラ先生とは少し異なったとらえをしています。シュウは
ウサギに居場所を求めていたのではないかなぁ。友だちと
かかわるよりも、ウサギといっしょにいる方が安心できていたのかも
しれないと思います。さらに言えば、シュウはウサギに逃げていたの

かもしれないなぁ。

シュウとウサギの関係についても、もっとシュウの気もちを深くとらえて向き合う必要がありそうですね。ところで、私は「誰が嫌い?」という問いかけよりも、「わかる」というトオヤの発言、そしてそれにすぐさまリョウやユウキが同意したことの方が気になります。なぜなら、子どもたちの間ですでにシュウへのマイナスイメージが固定化されていたように思えるからです。

そうですね。「そんなこと言ったらいけない」と言葉で押さえつけて、周りの子どもが気もちにふたをしてしまわないように気をつけた上で、私ならこの会話が、どのような思いでなされたのか、子どもたちから教えてもらいたいなぁ。そして、もし子どもたちからシュウに対するマイナスイメージに満ちた固定的な見方が話されたなら、保育者自身が同じように固定的な見方になっていないかをふり返る必要があると思うなぁ。5歳児にもなると、保育者が考えたり願ったりしていることを、いい意味でも悪い意味でも、子どもたちはよく感じとるよね。子どもの思いと保育者の思いが合わせ鏡のようになっていて……。保育者は本当に気をつけないといけないと思います。

このような場合、周りの子どもへのかかわりももちろん大切ですが、シュウの自己肯定感が育まれるような援助も大切にしたいですね。もしかすると、シュウは、働くことに精いっぱいであったお母さんなどの周りの人に、小さいころから十分かかわってもらえていなかったのかもしれません。その

ような中で、「自分がここにいていいんだ」という気もちを抱きにくかったのではないでしょうか。

　クラスの中にシュウの居場所ができるように、保育者が地道にかかわっていく必要があると思います。そのような積み重ねをとおして、シュウが「自分は愛される価値のある存在なんだ」と安心できるようになり、ぬくもりのある見守りの中で、シュウに「自分をみてて」と何かにチャレンジする気もちが育つことを期待したいです。

　　　　　　シュウとウサギの関係を深くとらえる必要があること、「嫌い」という言葉の背景をどう読み解くかについても、新たな気づきを得ることができました。担任である私とシュウとの関係を根本的に見直すことが必要なんですね。私とシュウが笑い合える楽しい関係を築くことが、周りの友だちとの関係につながっていくように思います。特に、家庭的に厳しい環境にある子どもに対しては、おとなである保育者との関係がことのほか重要になってきますね。シュウにとって、安心できるあたたかな存在になりたいと、いま強く思っています。

　　　　　　子ども一人ひとりの背景をふまえ、大切な存在としてかかわろうとする保育者のその思いが、きっと子どもの自己肯定感に結びついていくと思います。

9「靴おにいれて！」
遊びをとおして「あるがまま」が肯定される保育とは？

〔5歳児 1月〕

ソウタ

エピソードの書き手：5歳児クラス担任　**ソウタ先生**

●ヒロミについて

　ヒロミは、以前から近隣の児童養護施設に入所していたが、入園手続きに時間がかかり、5歳児の10月から入園してきた。衝動性が強く、家にいた時も、児童養護施設に来てからも、外に行きたいと思えば、自分で勝手にカギを開け、塀を乗り越えて出ていこうとしたことがあったらしい。

　自分のものと他人のものを区別することなく触ろうとする。また、明らかに危険であると思えるような、高い所から飛び降りる、機械類を触るなどの行動もみられた。友だちに対して、自分の思いを言葉で伝えることはできるが、気もちがたかぶると言葉よりも先に手が出たり、押したりすることがあった。

●エピソード

　ヒロミは、興味をもった遊びには自分から「入れて！」と入っていく。しかし、途中で遊びから抜けたり、遊びそのものが成立しなくなるいざこざを起こしたりすることも多かった。そのためクラスの子どもたちも、少しずつヒロミが遊びに参加することをいやがるそぶりをみせるようになっていた。

　そんなある日、アヤ、コウタ、マサアキ、ハル、ケントが靴おにを始めた。靴おにには、子どもたちが4歳児の時に自分たちで考えた遊

びである。おににタッチされると、自分の靴を中央のフープに置き、友だちが靴を取り返してくれると、再び逃げられるようになる。子どもたちは、4歳児クラスの時から靴おにをお気に入りの遊びとして、くり返し遊んできた。

　そこへヒロミが「入れて」とやってきた。五人は「いいよ〜」と受け入れて遊び始めた。しかしヒロミは、ただおにに捕まらないように走り回ることを楽しむだけであった。また、おににタッチされると怒ったり、途中で「もうやめる」と抜けたり、そうかと思えば再び「入れて」と遊びにもどることをくり返していた。

　ヒロミが何度めかに「入れて」とやってきた時、コウタが「ヒロミくん、すぐ抜けるからいや！」と嫌悪感をあらわにした。するとアヤも「おにに捕まったらすぐ怒るし」と、ヒロミが遊びに入るのをいやがるそぶりをみせた。マサアキ、ハルは無言だが、コウタやアヤの意見に賛同している様子であった。

　そこで保育者は「ヒロミくんは靴おにのルール知っているのかな？」と投げかけてみた。するとヒロミは、「ルール知らないもん！」と腹立たしげに答えた。すると子どもたちは、「あっ！」という表情

になり、「あのね……」と口々にルールをヒロミに説明し始めた。ケントは実際に自分の靴をフープに置いて、おにに取られた靴を取り返すシーンを実演した。いつものヒロミなら話の途中でどこかに行っていなくなることもあるのに、この時は最後まで友だちの説明を聞いていた。また、おにに捕まっても友だちが靴を取り返してくれることがわかると、安心したようであった。それ以降、友だちの靴を積極的に取り返しに行ったり、靴を取られた時に「助けて〜」と言ったりするなど、靴おにの途中で怒って抜けることが減っていった。しかし他の遊びでは、怒って積み木を倒したり、順番を抜かしたりすることがあり、友だちとのいざこざがすっかりなくなったわけではない。

●座談会

ソウタ

ヒロミが入ると遊びが続かなくなるのを「いやだ」と感じる子どもの気もちもわかっていたので、ヒロミもいっしょに楽しんでいる姿をみてうれしく感じました。でも同時に、ここからヒロミとクラスの子どもが、よりつながっていくためのかかわりが必要になると思うと、気もちが引き締まりました。

子どもたちは、3歳児、4歳児と2年間をいっしょに過ごしてきているので、言葉がなくてもお互いの気もちが伝わるというか、友だちのことをよくわかっています。でも、途中から入園してきたヒロミには1つずつ言葉で伝えていく必要があります。それなのに子どもたちは、ヒロミにも言わなくてもわかってもらえると思ってかかわるので、それが原因でいざこざが起きていることも多いと思います。もちろんヒロミの「しんどさ」をどのように子どもに伝えていけばよいのか、私自身がまだ悩んでいたことも原因だと思います。

年度途中から入園したヒロミが、靴おにをつうじて、クラスの子どもたちと安心して遊べるようになったという実践に触れて、以前から気になっていたことを思い出しました。「おにごっこ」は、みなさんの園でも、活動にとりいれることが多いと思います。誰かをつかまえる遊びを、なぜ「おにごっこ」っていうのかな？「おに」って悪いものなのかな？ と感じるようになりました。昔からの伝承遊びの１つですが、「おに」ということばをつかうことについて、考える必要があると思います。

　言われてみればそうですね。物語の中では「おおかみ」もそういう扱いを受けていますよね。いままで何も思わずに、「おにが来たー！ 逃げてー！」「おおかみがきたー！ 助けてー！」って子どもたちに言っていました。このようなことをつうじて、知らず知らずのうちに保育者は、「おに」や「おおかみ」は恐ろしいものであると、子どもに先入観をもたせてしまっていたんですね。

　「おに」や「おおかみ」が、みなさんに危害を加えたことはありましたか？ これらは、物語や昔からの言い伝えの中で、外見や雰囲気から、一方的に悪者にさせられてしまったのではないでしょうか。これまで座談会では、柔軟な感性や決めつけた見方をしない保育が大切であると確認してきました。物語や言い伝えは変えられなくても、相手を決めつけた価値観で判断せず、本質をとらえながらかかわっていく感性を、日々の生活の中で子どもに育みたいです。子どもが先入観をもたずに、さまざまな人やものとかかわり、その経験の中で素直に感じる心を大切にする保育をしたいですね。

子どもの素直に感じる心を大切にするには、私たち保育者の素直に感じる心も大切にしたいです。この実践をいつものように「10の姿」で考えようと思い、「社会生活との関わり」に当てはめてみたのですが……。私自身の素直に感じる心を大事にしてみたら、「社会生活との関わり」で想定されている子どもとヒロミとは、スタートラインが違うような気がして……。「10の姿」って、ヒロミのように、何らかの理由があって親といっしょに暮らすことができない施設の子どものことを考えているのかしら？　って思ってしまいました。

　　施設で生活している子どもにとって、幼稚園やこども園ってどういう場所であればよいのかって、悩んでしまいます。

　　私は、楽しくてあたたかい場所、大きくなって園を思い出した時に「ここで楽しかったな」って、あたたかい気もちになれる場所であってほしいなと思います。

　　家庭が安心、安全なあたたかい場所であるという経験をあまりしていない子どもなので、園でそのような経験ができればと思います。自分の親ではないけれど、周りのたくさんの人が自分を大切にしてくれたというぬくもりにふれる経験が大事ですね。

　　ヒロミに対して特別扱いをするということですか？

いえいえ。担任の先生がヒロミに対して「特別扱いをしなければ」と強く思うようになると、そのことが周りの子どもにも伝わってしまいます。そういった特別ではなく、まずヒロミが、担任の先生だけでなく、すべての職員から大切にされているとぬくもりを感じられるようにしていきたいです。その際、たとえば、園長先生は甘えられる存在、隣のクラスの先生はいっしょに遊んでくれる存在、養護や保健の先生はホッとできる存在……、などの役割分担があるとよいかもしれません。

　ですが、いつまでもヒロミがこのような居心地のよい場所にとどまるのではなく、最終的にはクラスにもどってほしいです。ヒロミ自身が、自分のクラスを居心地のよい場所と感じ、友だちのところにもどっていきたいと思えるように、全職員が意識しながらかかわっていけるといいですね。

いわゆるチーム保育ですね。実際にはむずかしいですけれどね……。

むずかしいといえば、児童養護施設との連携もむずかしいです。施設にもよりますが、施設の養育方針と園の保育観に溝を感じることがあります。施設側の言うこともわかるのですが……。

お互いに相手を知ろうとすることが大事だと思うなぁ。私の園では、施設の職員さんにPTAの役員になってもらう、園の職員が施設の見学に行くなど、お互いに話をする機会をつくっていますね。施設でおこなわれる愛着障害に関する研修会のお誘いを受けたこともありますよ。

昨年の12月に近くの児童養護施設のクリスマス会に園の職員が招待されて、みんなで参加させてもらいました。その時は、小学校や中学校や特別支援学校の先生も来られていました。このような機会がお互いを知る機会になればよいってことですね。

石巻

最近の脳科学の研究により、虐待は知能や理解力の育ちに影響を与えることがわかってきました。虐待を受けた子どもは、愛着障害などの影響で、発達障害の子どもとよく似た姿をみせることもあります。子どもの気になる姿をみた時に、生まれもった特性なのか、虐待による影響なのかということを見誤らないようにしたいです。そのためにも、施設と園との連携を大切にしたいですね。

日田

ソウタ先生は、ヒロミのことを、クラスの子どもに伝えられたんですか？

石巻

靴おにをきっかけに、ヒロミがクラスの友だちとかかわる姿が多くなりました。ですので、いまなら話せるんじゃないかと考え、ヒロミがクールダウンのために保育室から出ている時にクラスの子どもに話しました。ふだんは、話が長くなってくると、集中力がきれる子どもたちなんですが、この時は、自分のことに置き換え、意見を出し合いながら最後まで話を聴いていました。

ソウタ

　話を聴いてからクラスの子どものヒロミへのかかわり方がやわらかくなり、ヒロミにも我慢したり順番を守ろうとしたりする姿が少しみ

え始めました。

友だちが対等にぶつかって自分を認めてくれている、受け入れてくれていると感じられたからこその変化ですね。「10の姿」だと「道徳性・規範意識の芽生え」になるのかな？　でもそこを大事にしているとこのような姿になるのかな……？

保育は、子どもをおとなにとって望ましい姿に引っぱっていくことではありません。ルールを守れた、みんなと遊べるようになったと、おとなにとって望ましい姿になったから子どもを認めるのではなく、その子ども自身を大切な存在と認め、受けとめていきたいですね。

子どもにとって、あるがままの自分が肯定されるってことですね！

それが、いわゆる自己肯定感が育まれるということですね。友だちに受け入れられていると実感するようになったヒロミは、遊びを壊すことが減っていきました。クラスの子どももヒロミが遊びに入ることをいやがらなくなりました。それがうれしくてヒロミも友だちの話を聞こうとしたり、我慢しようとしたりして、よい循環ができてきたと思います。

八代先生がおっしゃったように、園があたたかい思い出の場所になってほしいです。

わたしの思う「チーム幼稚園」
保育者だけがチームではない

疋田美和

「先生、来たよ」

　ひょっこり顔をのぞかせて、ヤマトが職員室に入ってきます。彼は大人数のきょうだいの末っ子で、少しおとなびてみえます。その一方で、集団で行動することをいやがり、行動を規制されることに反発します。クラス活動の時間になると部屋を抜け出して思うがままに行動することがよくあります。

　担任から相談を受け、職員間で話し合った結果、「1日3枚チケット制」をヤマトに提案してみました。1日3回・1回につき15分間、チケットが使え、職員室で好きに過ごせる制度です。ヤマトは快諾しました。

　その後2週間ほど経つと、ヤマトがチケットを「利用」する時間帯がだいたい決まってきました。クラス活動、給食準備、掃除時間……その時間になると、職員室に来ては、椅子に座っておしゃべりを楽しんでみたり、時には副園長である私の仕事を手伝ったりしました。1対1でかかわっていると、集団の中でみせるちょっと冷めた顔とは異なり、素直でずっと幼い表情をしました。

　またヤマトには、頭の回転が速く気が利く一面もありました。私が本当に忙しそうにしているときには職員室に入ってきません。「ヤマトくんは『エンリョ』のできる子どもだね。『エンリョ』ができるって一人前」と言うと、とてもうれしそうにしました。

　その日以降、私が忙しくしていると、ヤマトの方から「『エンリョ』しとこうか？」と声をかけてくるようになりました。「大丈夫だよ」と言う時もあれば、「そうしてくれるとありがたいけど……」とヤマトの気遣いに甘えたこともありました。「じゃあ、また、来るわ」と言うので、「チケッ

トは返すね」と言うと、「ちょっと話したから、いい」と１枚分のチケットを置いていきます。こうしたヤマトの姿を職員間で共有し、彼へのかかわりについて話し合いました。ヤマトの力を信じ、いろいろな役を任せてみながら、遊びの中で友だちとつながるきっかけづくりをすることにしました。

　いつの間にか、１日２枚しか「チケット利用」がない日が増えていきました。そのうちに１日１枚の日が続くようになり、いつの間にかチケットの存在すら忘れてしまうようになりました。クラス活動の様子をのぞくと、ヤマトは友だちとの会話を楽しみながら、ダンボールの家づくりに一生懸命とりくんでいました。もう、彼にチケットは必要ないのかもしれません。でも、「いつでも職員室に行ける」チャンスは残しておきたいと思いました。

　子どもはかかわりのなかで育っていきます。担任だけでなく、取り巻くさまざまなおとな（保育者）とやりとりをしながら、心地よさを感じ、許されることで安心します。やってみようとするエネルギーがわいてきます。それは保育者も同じです。子どもと共に生活を営むことで、心が揺さぶられたり和んだりします。試行錯誤を繰り返しながら子ども理解を深め、前向きな気持ちで保育に挑んでいけます。子どもを受けいれ、子どもから受けいれられるからこそ、新しいかかわりが生まれていくのです。子どもも「チーム幼稚園」の一員なのです。

Part II

「10の姿」をこえて
人権の世紀を生きる保育者へのメッセージ

幼稚園教育要領の変遷と「10 の姿」

●

佐藤哲也

1. 保育をめぐる不易と流行

　就学前保育・教育施設は、おさない子どもたちにふさわしい生活を保障して、その成長を援助することを目的としています。そこでは保育者によって意図的・計画的に構成された環境のもと、子どもの自発的な活動としての遊びを中心に生活が展開していきます。保育とは保育者のねらいと子どもの主体性があいまって成り立つ営みなのです。

　その一方で、実践現場が依拠する保育のガイドライン（指針・要領）は、国の文教・福祉政策と連動してきました。政財界のアジェンダ[*1]が改訂（定）に反映されてきたと言っても過言ではないのです。幼稚園教育要領は、1956（昭和31）年の刊行以来、1964（昭和39）年の告示化を経て、平成期には4回にわたって改訂されてきました[*2]。

　直近の改訂（2017〔平成29〕年）では、保育所保育指針、幼保連携型認定こども園教育・保育要領と足並みをそろえるために、3歳児から就学前までの幼児教育が実質的に同じものになりました。折しも、ヘックマンの『幼児教育の経済学[*3]』や経済協力開発機構（OECD：Organisation for Economic Co-operation and Development）が提唱する主要能力（key competency[*4]）、「非認知能力」（non-cognitive skills[*5]）が注目を集めていた時期でした。小学校以上の学習指導要領がコンテンツ（contents）ベース（知識・技能の習得）からコンピテンシー（competency）ベース（資質・能力の育成）に転換したことで、幼稚園教育要領でも資質・能力の育成が明確に打ち出されたのです。「幼児期の終わりまでに育ってほしい姿」、いわゆる「10の姿」も示されました。

現在、保育者はさまざまな課題への対応を迫られています。主体的・対話的で深い学び、SDGs（Sustainable Development Goals：持続可能な開発目標）を意識した環境教育、保幼小連携・接続の充実、アプローチ・カリキュラムの作成、ICT（Information and Communication Technology）による保育の効率化など、枚挙にいとまがありません。「21世紀型保育」はどこに向かおうとしているのでしょうか？　漠然とした不安にかられている保育者は決して少なくはないと思います。

　道に迷いそうになった時には、これまでの歩みをふり返ってみましょう。

---

*1　アジェンダ（agenda）公的機関の行動計画や会議等における検討課題・議題のこと。

*2　幼稚園教育要領の刊行・改訂は次の通りです。1956（昭和31）年、1964（昭和39）年、1989（平成元）年、1998（平成10）年、2008（平成20）年、2017（平成29）年。

*3　James Joseph Heckman（2013）*Giving Kids a Fair Chance*, The MIT Press.（=2015, 大竹文雄解説・古草秀子訳『幼児教育の経済学』東洋経済新報社）

*4　主要能力（key competency）とは、①社会・文化的、技術的ツールを相互作用的に活用する能力（個人と社会との相互関係）、②多様な社会グループにおける人間関係の形成能力（自己と他者との相互関係）、③自律的に行動する能力（個人の自立性と主体性）、以上3つによって構成されています。人生の成功や社会の発展にとって有益な能力であり、特定の専門家ではなくすべての個人にとって重要な能力とされています。経済協力開発機構「コンピテンシーの定義と選択：その理論的・概念的基礎」2003年最終報告によって示されました。

*5　非認知能力とは、意欲、協調性、忍耐力、計画性、自制心、創造性、コミュニケーション能力など、測定できない感情や心の動きにかかわる能力とされています。学力（認知能力）と対照して用いられ、幼児期から育まれていく、学業成績や社会生活で成功を収めるための基盤となる能力であると言われています。

*6　SDGsとは、2015年9月の国連サミットで加盟国の全会一致で採択された「持続可能な開発のための2030アジェンダ」に記載されたものです。2030年までに持続可能でよりよい世界をめざす国際目標です。17のゴール・169のターゲットから構成され、地球上の「誰一人取り残さない（leave no one behind）」ことを誓っています。詳細については外務省や環境省のホームページ等で確認することができます。教育現場でのとりくみについては文部科学省のホームページを参照してください。

現在位置を再確認してから、道しるべを見定めて、行き先を展望するのです。本稿では、過去65年間にわたる幼稚園教育要領の内容や変化をスケッチして、保育実践の論拠となった考え方について検討してみます。その上で、揺らぐことがない保育の本質を見極めて、豊かな実践を創造していく指標を得たいと思います。

2. 高度経済成長期の保育内容

戦後の教育政策は教育を将来への準備とみなす準備説的な発想に彩られていました。経済発展に貢献するマンパワーを開発する手段として教育が推進されたのです。1956（昭和31）年に文部省（現文部科学省）による手引きとして刊行された幼稚園教育要領もそのひとつです。

　この幼稚園教育要領によると、「幼稚園教育の目的は、幼児にふさわしい環境を用意して、そこで幼児を生活させ望ましい方向に心身の発達がよりよく促進されるように指導すること」がめざされていました（傍点筆者）。そのために示された保育内容は、小学校での教科学習とのつながりを想起させる6領域（1 健康、2 社会、3 自然、4 言語、5 音楽リズム、6 絵画製作）でした。各領域の冒頭には「～するようになる」「～しない」「～でない」「～がむずかしい」といった観点にもとづく「発達の特質」が箇条書きにされていました。それらは文部省が示した標準的な幼児の姿や育ちをカタログ化したものだったのです[7]。その上で、6領域にわたって261項目にもおよぶ幼児の「望ましい経験」が示されていました[8]。

　1964（昭和39）年には、小中学校（1958〔昭和33〕年）や高等学校（1960〔昭和35〕年）の学習指導要領告示化に続いて、幼稚園教育要領も文部省による公示となりました。国によって就学前教育から初等・中等教育に至るまでの教育内容にかかわる基準が示されたのです。教育・保育への国家統制へのチャンネルが開かれたとも言えます[9]。幼稚園教育要領では、領域における「発達上の特質」が削除され、新たに指導上の留意点が各領域に示されました。単なる参考資料から教育課程作成のガイドラインとしての性格を鮮明にしたのです。261項目あった「望ましい経験」は137項目に精選されました。この137項目を「スコープ」（scope：保育の範囲や領域）として、

それらに「シークエンス」(sequence：配列) を付けたものが「カリキュラム」(curriculum：教育課程) となっていきました。保育者が「望ましい経験」(スコープ) から活動を選択する時間配当的な保育計画が定着していくのです。こうして、保育者が幼児に「〜させる」「〜できるようにする」実践が広がっていきました。

教育の成否が習得すべき内容 (コンテンツ) によって評価された当時、「できない」「知らない」現状を克服することが奨励されました。他人よりも抜きんでた成績を修めるためには、できるだけ早く・多く・くり返し、学習に励んでいくことが求められます。こうした競争主義的圧力のもと、早教育、スパルタ教育などのキーワードが世相を賑わしていました。[*10]

3. 保育内容・方法の新展開

高度経済成長を経て、日本は先進国の仲間入りを果たしました。欧米の教育を手本とするキャッチ・アップ政策の時代は終わり、国際社会の一員として、豊かな人間性、創造性、表現力、個性を備えた人間を輩出するこ

---

*7　例えば、健康領域には次のように示されていました。(1)幼児の発達上の特質 ○全身を使う運動が多い。○小さい筋肉や関節もしだいに発達してくるが、運動はまだ不器用である。○骨がしだいにかたさを増してくる。○目と手の協応動作ができるようになる。○距離感がうすい。○自分で疲労と休養の調節をすることがむずかしい。○病気に対する抵抗力が弱い。○危険に気づかないで、楽しむことに夢中になる。○たべ物の好ききらいをする。

*8　健康領域を例にあげてみましょう。「1. 健康生活のためによい習慣をつける。」「2. いろいろな運動や遊びをする。」「3. 伝染病その他の病気にかからないようにする。」「4. 施設や用具をたいせつに扱い、じょうずに使う。」「5. けがをしないようにする。」、これら五本柱の中に細目が65項目示されました。

　　例えば「1. 健康生活のためによい習慣をつける。」には、「清潔」「食事」「排便」「衣服」「運動」「休息」という指標がありました。その中の「運動」指標には次のような4つの細目が示されていました。「○なるべく戸外で遊ぶ。○日光にあたる。○炎天下では帽子をかぶる。○炎天下や寒いところで、長遊びをしない。」

*9　汐見稔幸ほか (2017)『日本の保育の歴史』萌文書林, pp.284-285.

*10　佐藤哲也 (2016)「幼児教育の重要性再考」『連合総研レポート』(325), pp.8-10. (https://www.rengo-soken.or.jp/dio/2016/05/011817.html)

とが期待されたのです。1984（昭和59）年、中曽根康弘総理大臣の私的諮問機関としてスタートした臨時教育審議会を中心に、個性重視、生涯学習体系への移行、国際化、情報化を標榜する教育改革が模索されました。幼稚園教育についても、調査研究協力者会議（1984〔昭和59〕年～86〔昭和61〕年）が組織され、①幼児の主体的な活動を中心に展開されるものであること、②環境による教育であること、③幼児一人一人の発達の特性及び個人差に応じるものであること、④遊びを通しての総合的な指導によって行われるものであること、以上4つの原則が示されました。[11]

　子どもの生活に目を転じると、インフラストラクチャー（社会基盤）が整備されていく一方で、地域社会から遊び場が消え、自然とのかかわりが疎遠になりました。身体を十分に使って遊ぶ機会が乏しくなり、屋内に引きこもっての一人遊びが広がっていきました。[12]

　豊かさの中の貧困が顕著になりつつあった1989（平成元）年、幼稚園教育要領が25年ぶりに改訂されました。教員主導型で準備説的色彩が強かった旧来の幼稚園教育要領が子ども中心で個性重視のそれへと転換されたのです。第1章総則では、幼稚園教育の基本として、環境を通しての保育、幼児の主体的な活動、幼児期にふさわしい生活、幼児の自発的活動としての遊び、心身の調和のとれた発達、遊びを通しての指導、幼児一人一人の特性に応じた指導などが示されました。その上で、第2章では、幼稚園修了時までに育つことが期待される心情、意欲、態度が「ねらい」となりました。「内容」とは「ねらい」を達成するために指導する事項です。健康、人間関係、環境、言葉、表現の5つの領域が示され、それぞれの領域は幼児の内面と育ちを見通す窓口とみなされました。保育者の役割は、幼児がみずから活動を展開できるように環境を整えて遊びを援助することである、と再定義されたのです。

　実践現場では、子どもが自発的、主体的に遊びながらさまざまな経験を積みあげることが重視されました。しかし、子どもの自由な活動を尊重するあまり、放任状態に陥るケースもあったようです。幼児の勝手気ままな活動が「自由遊び」として肯定され、指導できずに困惑する保育者もいました。「選択の自由」（liberty）が「束縛や拘束から解放される自由」

(freedom) と取り違えられたのです。小学校1年生の学級崩壊や授業不成立の原因として、自由保育や幼児の荒れが言及されることもありました。[*13]

4. 少子化時代の「生きる力」を育む保育

　さまざまな誤解を解消するために、保育の計画性や保育者の指導性について、再確認が迫られました。また、神戸連続児童殺傷事件（酒鬼薔薇聖斗事件）発生により、子どもの心の育ちが問題視されました。2002（平成14）年には学校週5日制完全実施も控えていました。「21世紀を展望した我が国の教育の在り方について」（第15期中央教育審議会答申、1996年）や「時代の変化に対応した今後の幼稚園教育の在り方について」最終報告（文部省、1997年）が公表され、豊かな人間性、自ら学び考える力、生きる力の育成をめざす「ゆとり教育」が唱えられたのです。

　こうして1998（平成10）年、幼稚園教育要領が改訂されました。幼稚園教育の基本的考え方の充実と発展、幼児理解に基づく教師の役割の明確化、豊かな生活体験の充実（心身の健康、道徳性、自然体験、知的発達、集団内の自己実現）、幼小連携の強化、子育ての支援、地域に開かれた幼稚園づくりなどが示されたのです。各領域の「ねらい」についても、「生きる力の基礎となる心情、意欲、態度」と新たに「生きる力の基礎」というキーワー

---

*11　幼稚園教育要領に関する調査研究協力者会議、報告「幼稚園教育の在り方について」昭和61年9月3日。文部省（1986）『初等教育資料』（492）東洋館出版社, pp.108-109.

*12　仙田満（1992）『子どもとあそび―環境建築家の眼』岩波新書, p.172.
　　　仙田は次のように指摘していました。「あそび時間、あそび空間、あそび集団、あそび方法といったあそび環境の要素に影響を与えるのは、社会構造、文化構造、都市構造である。社会構造としては地域社会の衰退、核家族化、産業形態の変化、少子化などが考えられ、文化構造としては情報化、合理主義、消費主義、知育主義、安全第一主義など、都市構造としては自然の喪失、車優先主義、住宅の合理化、都市の効率機能化などがあげられる。これらがあそび環境の四つの要素を支配しているのである。」

*13　杉山隆一（2000）「幼児期の荒れとキレを立て直す」杉山隆一編『学級崩壊―かわる教師かえる教室 第1巻・保育所・幼稚園』フォーラム・A, pp.176-178.

ドが加えられました。

　少子化に歯止めがかからないことから、政府は「少子化社会対策基本法」（2003〔平成15〕年）や「少子化社会対策大綱」（2004〔平成16〕年）など、立て続けに子育て支援策を試みました。中央教育審議会答申「子どもを取り巻く環境の変化を踏まえた今後の幼児教育の在り方について」（2005〔平成17〕年）や「幼児教育振興アクションプログラム」（2006〔平成18〕年）など、幼児教育の充実も構想されました。子どもを産み育てやすい社会を実現することで、少子化に歯止めをかけようとしたのです。2006（平成18）年10月からは養護と幼児教育が一体となった認定こども園もスタートしました。こうして、2008（平成20）年3月、平成に入ってから3回目となる幼稚園教育要領改訂がなされました。発達と学びの連続性を重視した幼小連携・接続のさらなる推進、保護者への啓発活動の充実などが促されました。

5.「10の姿」の登場

　21世紀に入り、人口問題、資源問題、温暖化問題が深刻化していく中で、持続可能社会（sustainable society）の実現が希求されるようになりました。限られた資源を効率的・効果的に活用しようとする志向性は子育ての分野にも浸透しています。子どもを一人前に育てるためには、多くの経済資本や感情資本の投入が必要であるからです。いまや子どもは労働力でも資産でも愛着の対象でもなく、親や社会にとって負債となっていると言っても過言ではありません。幼児期に1ドル投資すると7ドルの利益となって返ってくる（ヘックマン＝2015：33-34）といった投資効果論が耳目を集め、経営管理の発想が子どもや教育に援用されるのはそのためです。コンピテンシー（competency：企業などで高い業績・成果につながる行動特性を表す概念）が教育目標となったり、「見える化」やPDCA（Plan・Do・Check・Action）のような経営戦略が教育実践に援用されたりするようになりました。また、カリキュラム・マネッジメント（curriculum management）も推奨されています。

　2016（平成28）年1月、内閣府は第5期科学技術基本計画（平成28年

度〜32 年度）の中で Society 5.0 構想を打ち上げました。Society 5.0 とは、狩猟社会（Society 1.0）、農耕社会（Society 2.0）、工業社会（Society 3.0）、情報社会（Society 4.0）に続いて、サイバー空間（仮想空間）とフィジカル空間（現実空間）が融合したシステムにより経済発展と社会的課題の解決を両立する社会です。この未来社会を構築する資質・能力を備えた人材を育成するための「21 世紀型教育（保育）」が教育改革の目玉となったのです。

　2017（平成 29）年に改訂された幼稚園教育要領も例外ではありません。新たに幼児期に育成すべき資質・能力の三本柱が示されました。それらは「知識及び技能の基礎」「思考力、判断力、表現力等の基礎」「学びに向かう力、人間性等」です。小学校以降の学校教育との整合性と連続性がねらわれたのです。これらの資質・能力を具体化したのが「幼児期の終わりまでに育ってほしい姿」、いわゆる「10 の姿」です。保育内容 5 領域を構成する視点から人間関係領域から 3 つ（自立心、協同性、道徳性・規範意識の芽生え）、環境領域から 4 つ（社会生活との関わり、思考力の芽生え、自然との関わり・生命尊重、数量や図形、標識や文字などへの関心・感覚）が抽出されています。「10 の姿」は、1956（昭和 31）年の幼稚園教育要領で示されていた「発達の特質」の令和版、すなわち国定の〈子ども像〉です。Society 5.0 の構築に貢献するマンパワーのシンボルとも言えるでしょう。

6. 教育・保育政策の保守化

　「10 の姿」の布石となったのは 2006（平成 18）年の教育基本法改正です。[*14]そもそも教育基本法（1947〔昭和 22〕年公布・施行）とは、日本国憲法（1946〔昭和 21〕年公布）下での国民形成を推進するために制定された憲法の附属法です。

　教育基本法第 1 条（教育の目的）では「教育は、人格の完成をめざし、平和的な国家及び社会の形成者として、真理と正義を愛し、個人の価値をたつとび、勤労と責任を重んじ、自主的精神に充ちた心身ともに健康な国民の育成を期して行われなければならない。」（傍点筆者）と定められていました。「平和で民主的な社会の形成者」に求められる「資質」が記されていたのです。

ところが、2006（平成18）年、第1次安倍政権下で教育基本法が改正されました。第1条は「教育は、人格の完成を目指し、平和で民主的な国家及び社会の形成者として必要な資質を備えた心身ともに健康な国民の育成を期して行われなければならない。」（傍点筆者）と改められました。「資質」の内容規定が削除され、日本国民に必要とされる「資質」は、国家がその都度、充填することができるようになったのです。

　「10の姿」とは、Society 5.0建設に向けて"幼児期の終わりまでに育ってほしい"（と国が願う）「資質」の一覧表と言っても過言ではありません。また、「10の姿」は「根の教育」（倉橋惣三[*15]）や「後伸びする力[*16]」（全国国公立幼稚園長会）とされてきた就学前教育の「見える化」の試みでもあるのです。

7.「3法令」という詭弁

　「10の姿」を警戒する理由のひとつは、それが「3法令」と称される指針・要領（幼稚園教育要領、保育所保育指針、幼保連携型認定こども園教育・保育要領）に記されたからです。

　昨今「コンプライアンス（compliance）」という言葉をよく耳にします。「命令や要求に従う」ことを意味する英語です。企業や公人が法令や社会規範等を守って行動することを指すようになっています。「法令遵守」とも訳されます。例えば、保育所保育指針の「第5章 職員の資質向上」では、「2 施設長の責務」として「施設長は、保育所の役割や社会的責任を遂行するために、法令等を遵守し」（傍点筆者）とあります。つまり、「コンプライアンス」が求められているのです。

　市販の保育解説書には、指針・要領を「3法令」と示しているものが少なくありません。幼保一元化をめざしたところ、結果的に三元化（幼稚園・保育所・認定こども園）してしまった……保育のガイドライン（Guideline：基本的な事項や方針）も三本立てとなってしまったことから、3つまとめて「3法令」と呼ぶことにしたのでしょう。安易なご都合主義と批判せざるを得ません。もしも保育所保育指針が「法令」であるならば、施設長のみならず職員全員に対して指針の遵守が求められます。違反した場合には行

政処分が下される可能性があります。指針に示された「10 の姿」について も「保育士等が指導を行う際に考慮する」法的責任を負うことになります。果たしてそうなのでしょうか？

指針・要領は学習指導要領に準拠しています。学習指導要領は、1947（昭和 22）年に試案として作成されました。その後、1958（昭和 33）年に「試案」の文字が外され「文部省告示」となりました。

告示化された学習指導要領の法的拘束性をめぐって争われたのが「旭川学力テスト事件」裁判です。15 年にも及ぶ審理を経て、最高裁は次のような判断を下しました（最高裁判大法廷昭和 51 年 5 月 21 日判決）。(1)教育権の帰属については「国家」と「国民」のいずれの主張も全面的に採用できないこと。(2)児童は学習する固有の権利をもつこと。(3)「普通教育においても一定の範囲において教授の自由が保障されるべきことは肯定される」ものの、児童・生徒の能力、教師の影響力、全国的な一定の教育水準確保の要請を考慮すると「完全な教授の自由を認めることはとうてい許されない」こと。以上です。教授の自由をめぐる教師の権利については、子

---

*14 「改正」とは規則・規約・法令等の不適当な箇所や不備を改めることです。教育基本法改正をめぐっては、2006（平成 18）年 4 月 28 日に政府法案として閣議決定、同日、国会に上程されました。

野党からは厳しい批判が寄せられ、青森県で開催されたタウンミーティングでは政府関与の「やらせ質問」が発覚するなど、多くの問題をはらんでいました。しかし、11 月 16 日の衆議院本会議で野党欠席のまま自民党・公明党の与党単独採決で可決、12 月 22 日に公布・施行されました。

「改正」がもたらす危機について、多くの研究者や文化人が声をあげ、反対していました。教育が権力によって悪用されないように歯止めをかけていた規範が骨抜きにされ、国民統制機能の強化が図られたからです。第 2 条に「教育の目標」が達成目標として示されたことがその証左と言えましょう。「改正」は「教育のクーデター」であると危惧されていました。辻井喬・藤田英典・喜多明人編（2006）『なぜ変える？ 教育基本法』岩波書店 .

*15 倉橋惣三（1932）「就学前の教育」（1965）『倉橋惣三選集 第三巻』所収, フレーベル館, p.423.

*16 全国国公立幼稚園長会（2005）「明るい未来社会を子どもたちへ！ 今こそ幼児教育への投資を」（https://www.kokkoyo.com/pdf/br-no016c.pdf）

どもの学習権を侵害しないかぎり、教育内容と方法についての裁量権が認められました。[*17]

　日本教育法学会や日本教育行政学会では、こうした判例をふまえて、学習指導要領「大綱的基準説」が有力です。「小・中学校の教科と時間配当、高等学校の教科・科目・授業時数・単位数など」の「ごく大綱な基準」においてのみ、学習指導要領は法的拘束性をもつとする学説です。学習指導要領には、各教科の教育内容・方法・教材に関して詳細に記されています。そのため、大部分が法律の委託範囲を越えているとみなされているのです。学習指導要領は全体として法的拘束力をもたない指導助言文書であり、学校制度的基準の範囲を越えているため、法令とは言えないとされています。[*18]

　前述したように、幼稚園教育要領は1964（昭和39）年に告示化されました。保育所保育指針は、1965（昭和40）年の刊行以来、厚生省による「通達」でした。それが2008（平成20）年の改定で「告示」となりました。「告示」とは行政機関がその所掌事務について国民に知らせるための法形式です。法規命令であるか否かは内容によって決まると考えられています。

　「3法令」については、その法的根拠が行政手続法（平成5年法律第88号）に求められているようです。行政手続法とは、行政運営の公正の確保と透明性をはかることを目的に制定された比較的新しい法律です。この法律では、法令について「法律、法律に基づく命令（告示を含む。）」と定義しています（第二条一号：傍点筆者）。その上で、「命令等」は「法律に基づく命令（処分の要件を定める告示を含む。）」となっています（第二条八号イ）。指針・要領には「処分の要件」が定められていません。そのため、「法令」扱いするのは適切であるとは言いがたいのです。[*19] むしろ学説にもとづいて「指導助言文書」ととらえるべきでしょう。「告示だから」「著名な研究者が『3法令』と言っているから」という理由で要領・指針を法令扱いする姿勢は、「10の姿」の自明視、あるいは無批判に従うことにつながる危うさをはらんでいます。

8. まとめ

　かつて教育とは未成熟な子どもを当該社会の成熟したおとなへと教え導くことでした。白紙（あるいは空の器）に例えられる子どもに知識や技術を書き込み（注ぎ込み）、理想の完成像へと形成していくことがめざされたのです。教育とは将来に向けた準備であり、学習によって習得した経験の「量」が問われました。「できるだけ早く、できるだけ高く、できるだけ正確に」を標榜する早期教育（early education）[20]は、こうした背景から台頭してきたと言えるでしょう。

　しかし、情報化、国際化、技術革新の加速化によって、教育をめぐる状況は一変しました。教育によって伝授されるべき知識、技術、価値観が揺らぎはじめたからです。子どもたちには、「自ら課題を見つけ、解決する」

---

*17　1956（昭和31）年から1966（昭和41）年にかけて文部省によって実施されていた「全国中学校一斉学力調査」をめぐり教育裁判が争われました。

　　1961（昭和36）年10月、学力試験反対派教員が旭川市立永山中学校に乗りこみ、試験実施を実力阻止しようとしました。その結果、公務執行妨害、建造物侵入、共同暴行などの罪で起訴されたのです。

　　子どもの教育を決定する権限の帰属、教育を受ける権利としての学習権の存在、教師の教育の自由、この3つが争点となりました。一審・二審ともに建造物侵入罪は有罪、公務執行妨害罪については学力調査の違法性が指摘されて無罪となりました。その後、裁判は最高裁までもちこまれ、学力テストの合憲性、その実施を妨害した被告の公務執行妨害罪成立が認められました。

　　この判決では、教育権の帰属については国家と国民いずれの主張も全面的に採用できないとする玉虫色とも言える解釈が示されました。国家と国民双方に対して教育権を認めたのです。しかしながら、教育に対する国家の広範な介入を認めた点については批判の対象となっています。

*18　勝野正章・藤本典裕編（2015）『教育行政学 改訂新版』学文社，pp.138-140.

*19　「各省の指導内容を公式に公表する手立てとしては、官報に公示する「告示」という形がある。「告示」とは、一般に行政措置を広く国民に公式に知らせる形式で（国家行政組織法一四条一項）、官報に「告示」欄がある。○○省・庁告示第○号とされる。」兼子仁（1994）『行政手続法』岩波書店，p.151.

*20　汐見稔幸（1996）『幼児教育産業と子育て』岩波書店，pp.150-163.

問題探求・解決能力が求められるようになりました。折しも 1989 年、国連総会で「子どもの権利条約」が採択され、子どもが現在を幸せに生きる権利の主体として再発見されたころのことです。おとなの責務は子どもが自己形成していくための環境や状況を整えることとされました。経験の「量」よりも「質」が重視されるようになったのです。

　日本では、2015（平成 27）年 4 月、子ども・子育て支援新制度がスタートしました。女性が輝く社会を実現するために、少子化対策・待機児童問題解消策の一環として、保育施設の量的拡大が図られました。その一方で、保護者の就労状況によってどのような保育施設を利用することになっても、すべての幼児に「質の高い幼児教育」が保障されることがめざされました。「質」を担保するためには何らかの基準や標準が必要です。そこで考案されたのが「10 の姿」です。幼稚園でも保育所でも、公立でも私立でも、認可園でも無認可園でも、保育者が「10 の姿」を考慮して保育にあたれば教育の「質」が保障される。「10 の姿」は教育の質保障を担保するためのマジックワードとして登場しました。

　「10 の姿」をめぐっては、さまざまな見解が飛びかっています。「幼稚園修了時の具体的姿」「指導を行う際に考慮する」「卒園までの成長を考える視点と目安」「5 歳児のイメージ」「幼稚園教員と小学校教員が共有する視点」「個別に指導されるものではない」などです。文科省や有識者は、「10 の姿」は「達成目標ではない」として注意をうながしています。また、「幼児期の終わりまでに育ってほしい姿」は「幼稚園の教師が適切に関わることで、特に幼稚園生活の中で見られるようになる幼児の姿である」ともされています。[21] 最後の言説には特に注意が必要です。なぜなら「教師が適切に関わることで、特に幼稚園生活の中で見られるようになる幼児の姿である」には「適切に関わらないと『10 の姿』は見られない」という裏メッセージが隠されているからです。ここに「達成目標ではない」「10 の姿」の落とし穴があります。

　いまや「10 の姿」は、研修会や指導計画において、幼児理解や保育の質を点検・評価する手段として用いられています。「10 の姿」を枠組みとしたワークシートで幼児の実態や育ちを検証していく研修が実施されてい

ます。「10の姿」が併記された指導要録や保育要録も出てきました。「10の姿」が評価に援用されることで、「10の姿」を育てる指導計画が作成されることにもなっています。

　これからの保育者は、養成校で「10の姿」を学び、研修会で「10の姿」を援用し、指導計画の作成・評価で「10の姿」を活用していきます。こうしたとりくみを通じて、「10の姿」が保育者をマインドコントロールしていくのです。「10の姿」を自明なものとしてより頼むことで、子どもを理解するための感性が鈍り、保育を構想する思考も停止してしまうことが危惧されます。「10の姿」にしばられた〈21世紀型あてがいぶち保育〉が蔓延し、保育の「質」が低下してしまうのではないか、不安はつのるばかりです。

　「10の姿」は、子どもが〝自分らしく〟生き・育つことへの妨げにもなります。「幼児教育の質保障」「小学校教育との連続性」を大義に資質・能力が規格化されることで、「〜するようになる・ならない」は「できる・できない」といった評価に転化することが懸念されます。「できない」こ

＊21　文部科学省（2018）『幼稚園教育要領解説』フレーベル館, p.52.
　　幼稚園教育要領改訂を踏まえた指導計画作成にあたっての基本的な考え方や方法を解説するために『幼児の思いをつなぐ指導計画の作成と保育の展開』（2021年, チャイルド本社）が文科省から出版されました。本書では「幼児期の終わりまでに育ってほしい姿」が到達目標でも、個別に取り出して指導するものでもないことについて、再三にわたって強調されています（p.33）。
　　それにもかかわらず、幼児理解にあたっては「幼児期の終わりまでに育ってほしい姿」を念頭に置くこと、「幼児期の終わりまでに育ってほしい姿」は幼稚園修了時の具体的な姿であること（p.38）。教育課程の作成や評価においては「幼児期の終わりまでに育ってほしい姿」を念頭に各領域のねらいを視点として分析的にとらえたり、各領域のねらいとともに「幼児期の終わりまでに育ってほしい姿」も併せてみながら、自分の視点を整理すること（p.41）。幼児の言動や教師のかかわりを記した保育の記録から「幼児期の終わりまでに育ってほしい姿」につながる姿を拾い出して整理したり、「幼児期の終わりまでに育ってほしい姿」につながる姿を引き出した教師の援助や環境などを記録したりすること（p.43）。……保育実践を展開していくにあたり、はじめに「10の姿」ありきの見解が示されています。矛盾にみちた解説であると言わざるを得ません。

とを埋め合わせる能力主義の保育が広がれば、「あるがまま」でいることが認められなくなります。「できなさ」や「弱さ」をもつ子どもの排除にもつながりかねません。

　保育者には、目の前の子どもを見つめ、その子どもから学び、その子どもと共に生活していくことが求められます。子どもとつながり、共に生きることで、豊かな生活と育ちを実現していくのです。「10 の姿」を教科書的にとらえ、保育の出発点にして到達点とすべきではありません。「10 の姿」の観点から、子どもを分解、点検、解析、評価すべきではないのです。その子を〝まるごと〟受けとめ、肯定していくことこそ、保育の基本であり神髄なのではないでしょうか。「10 の姿」を意識してカリキュラムを編成したり、「10 の姿」をフィルターにして幼児の内面や成長を把握したりすべきではないのです。「この活動でこんな資質や能力が育った」と後付けしたりする必要もありません。子どもにはじまり、子どもに返っていく保育を創造するためにも、〈目の前の子ども〉に学ぶ保育者であるべきです。そうした保育を創造・実践していくことが、人権の世紀を生きる保育者に求められているのです。[22]

＊22　次の拙稿もご参考にしていただければ幸いです。佐藤哲也（2020）「幼稚園教育要領の改訂とキリスト教保育(1)―教育をめぐるパラダイム転換に着目して―」『キリスト教保育』キリスト教保育連盟，pp.6-13. 佐藤哲也（2020）「幼稚園教育要領の改訂とキリスト教保育(2)―「幼児期の終わりまでに育ってほしい姿」をめぐって―」『キリスト教保育』キリスト教保育連盟, pp.6-13. 佐藤哲也（2021）「「幼児期の終わりまでに育ってほしい姿」は保幼小連携・接続の鍵となり得るのか!?」『季刊保育問題研究』（307）保育問題研究会，新読書社，pp.24-34.

子どもの権利の視点からみた「10 の姿」

●

井上寿美

1. 子どもの人権に関する記述の温度差

2017（平成 29）年 3 月に保育所保育指針（以下、保育指針）、幼稚園教育要領（以下、教育要領）、幼保連携型認定こども園教育・保育要領（以下、教育・保育要領）が改訂（定）され、2018（平成 30）年 4 月から実施されました。この改訂（定）では、保育指針、教育要領、教育・保育要領（以下、指針・要領）において、教育内容の整合性を確保することがめざされました。そのねらいは、就学前の子どもがどの種別の施設を利用しても、共通した質の高い幼児教育を受けられるようにすること、そして、小学校以降の学校教育とのつながりを強化することでした。[*1]

指針・要領における教育内容が、質の高い幼児教育をめざして整合性が確保されるのであれば、これまで保育指針にしか書かれていなかった「子どもの人権」という文言[*2]が、教育要領や教育・保育要領にも登場するのではないかと期待が膨らみました。なぜなら、指針・要領の改訂（定）について審議されていた時期と、児童福祉法が改正された時期が重なっていたからです。

指針・要領が改訂（定）される前年の 2016（平成 28）年、「子どもの権利条約[*3]」を基本理念とする改正児童福祉法が成立しました。児童福祉法の中に、「全て児童は、児童の権利に関する条約の精神にのっとり（略）その心身の健やかな成長及び発達（略）を等しく保障される権利を有する」（第1条）と明記されました。そして、「全て国民は、（略）児童が（略）社会のあらゆる分野において、（略）年齢及び発達の程度に応じて、その意見が尊重され、その最善の利益が優先して考慮され（略）るよう努めなければ

ならない」（第2条）と子どもの意見表明権の尊重について言及されました。

　児童福祉法の理念は、1947（昭和22）年に制定されてからおよそ70年間変わりませんでしたが、2016年にこのような抜本的な改革がおこなわれました。日本では、子どもの権利条約を批准してからおよそ20年余りの歳月を経て、ようやく国内法において子どもが権利主体として位置づけられたのです。^{*4}

　しかし、指針・要領の改訂（定）をめぐり、改正児童福祉法に連動した議論がおこなわれるのではないかという期待は裏切られました。教育要領においてはこれまでと同様、保育指針に記されている、「子どもの最善の利益を考慮し^{*5}」「人権を大切にする心を育てる」「子どもの人権に十分配慮す

---

*1　教育要領改訂をめぐる審議の主査を務めた無藤隆は、「平成30年度施行の幼稚園教育要領、保育所保育指針、幼保連携型認定こども園教育・保育要領の共通する改訂・改定ポイントは、大きくふたつのことがあります。幼児教育としての共通性を確保することと、発達と学びの連続性を乳児保育から小学校接続まで明確にすることです」と述べています［無藤隆（2017）「今後の幼児教育の方向とは〜平成30年施行の幼稚園教育要領、保育所保育指針、幼保連携型認定こども園教育・保育要領を概観し、就学前の教育のあり方を理解する〜」全国社会福祉協議会『保育の友』65（5），p.18］。

*2　教育・保育要領では制定時［2014（平成26）年告示、2015（平成27）年実施］から「活動の場面に応じて、園児の人権や園児一人一人の個人差等に配慮した適切な指導を行うようにすること」（傍点筆者）という記述があります。

*3　〈Convention on the Rights of the Child〉の政府訳は「児童の権利に関する条約」です。本稿では日本ユニセフ協会などが使用する「子どもの権利条約」という名称を用います。

*4　日本の法体系は、憲法を頂点とするピラミッド型で構成されています。国で一番強い規範は憲法です。憲法の次に位置するのが、「公布されることによって国内法としての効力が発生」した国際条約です。そして国際条約の下に位置するのが、「憲法で定める方法により、国会の議決を経て制定される国の規範」である法律です［小六法編集委員会（2017）『法律等を読み解くうえで必要な基礎知識』みらい，p.1］。子ども関連の法体系でいえば、児童福祉法や教育基本法、学校教育法、子ども・子育て支援法などは、子どもの権利条約の下に位置づけられます。したがって上位法と下位法の整合性を確保するという点からいえば、児童福祉法の改正も決して早いとは言えません。

る」という子どもの人権に関する記述は登場しませんでした。[*6]

　保育所保育は児童福祉としての営みですから、児童福祉法との整合性が必要であり、幼稚園教育は学校教育としての営みですので、児童福祉法との整合性は不要であると考える人がいるかもしれません。しかし児童福祉法には、「この原理は、すべて児童に関する法令の施行にあたって、常に尊重されなければならない」（第3条）と記されています。したがって学校教育法においても児童福祉法の原理は尊重されなければなりません。[*7]

　前章の「7.『3法令』という詭弁」で述べられているように、指針・要領を法令として位置づけることには問題があります。しかし国は、これらには法的拘束力があるとしています。そのため国の見解からすれば、法令として扱われている教育要領は、子どもの権利条約の精神にのっとっていなければならないはずです。

　それにもかかわらず、子どもの人権に関する記述の整合性は確保されませんでした。子どもの権利条約が国連総会において全会一致で採択されてから30年以上が経ちました。日本の就学前保育・教育施設の現場では、子どもの権利が尊重されているのでしょうか。

---

　*5　教育・保育要領には、制定時から「子どもの最善の利益を考慮しつつ（略）育成するものとする」（傍点筆者）という記述があります。

　*6　保育内容の質を担保するためには、「それを支える保育所が組織として有効に機能する保育力を有していることが不可欠の要因」であることから、保育指針は、「保育内容に関する指針のみではなく、保育所運営に関する指針の性格も有して」います［網野武博（2017）「新たに示される保育指針とこれからの重要な課題」全国社会福祉協議会『保育の友』65（5）, p.23］。この点において、教育要領や教育・保育要領は、保育指針と性格を異にしているため、「保育所の社会的責任」に記された「子どもの人権に十分配慮する」という記述の整合性を確保することはむずかしかったかもしれません。しかし保育・教育要領では、目標や指導計画に関して子どもの人権に言及されていますので、教育要領でも、子どもの人権に言及することは可能であったと考えます。

　*7　網野は、注記＊6の論稿の中で、児童福祉法第3条と「すべて児童に関する法令」の関係について、「従来から第三条に謳われているように、この理念（＝児童福祉法の理念：筆者注）は、学校教育法、子ども・子育て支援法にも共通する原則です」と述べています。

結論を先取りして述べると、教育要領に子どもの人権に関する記述がないことからしても、就学前保育・教育施設の現場における子どもの権利の尊重について、危惧せざるを得ない状況にあると考えます。一人ひとりの保育者が、子どもの権利をないがしろにしていると言いたいのではありません。就学前の子どもにとって、何のために保育が必要とされ、その目的を達成するためにどのような保育が是とされているのか。以下ではこの視点から、就学前保育・教育施設において子どもの権利が尊重されているかどうかを問いたいと思います。

2. 保育概念に含意された教育とは異なる幼児教育

　指針・要領の改訂（定）でめざされたのは、保育内容の整合性ではなく、教育内容の整合性でした。そのため、2017（平成29）年に保育指針を改定する際の基本的な方向性の1つに、「保育所保育における幼児教育の積極的な位置づけ」が掲げられました。このような経緯から、幼児期における教育と保育は、これまで異なるものであったと理解した人がいるかもしれません。しかし、はたしてそうなのでしょうか。少し時代をさかのぼり、保育という言葉についてふり返ります。

　保育という言葉は、1876（明治9）年に日本で最初の幼稚園として開設された、東京女子師範学校附属幼稚園（現お茶の水女子大学附属幼稚園）の規則において用いられました。現在も学校教育法第22条には、「幼稚園は、義務教育及びその後の教育の基礎を培うものとして、幼児を保育し、幼児の健やかな成長のために適当な環境を与えて、その心身の発達を助長することを目的とする」（傍点筆者）と記されています。

　学校教育法の草案づくりにかかわった坂元彦太郎は、「幼児期の教育は、成人からの保護すなわち世話と、子どもたち自身の中にあるものの育成という両面の調和がとくに必要である」ため、「保護育成」「保護教育」の略として保育という言葉を用いたと述べています[8]。つまり、保育という言葉は、「成人からの保護すなわち世話」という養護的側面と、「子どもたち自身の中にあるものの育成」という意味での教育的側面をあわせもっているのです。したがって、「保育所は、その目的を達成するために、（略）養護

及び教育を一体的に行うことを特性としている」という保育指針における
保育のとらえ方は、学校教育法制定時に「保護育成」「保護教育」の略と
して用いられた保育概念を踏襲していると言えます。

　ところが既述のように、保育指針改定にあたり、幼児教育を保育所保育
に積極的に位置づけるとされました。保育所保育では、養護と教育が一体
的におこなわれ、その意味においてすでに教育にとりくまれてきました。
それにもかかわらず、なぜ改めて保育所保育に幼児教育を位置づけなけれ
ばならなかったのでしょうか。

　2012（平成24）年に成立した「子ども・子育て支援法」において、教育
と保育は次のようにとらえられました。教育とは、満3歳以上の小学校就
学前の子どもに対して、法律に定める学校においておこなわれる教育であ
る。保育とは、養護および教育（法律に定める学校において満3歳以上の小学
校就学前の子どもに対しておこなわれる教育を除く）である[*9]。このように子ど
も・子育て支援法の中で、幼稚園などにおいておこなわれる教育と、保育
概念に含意された教育は異なるものとして扱われるようになっていたため、
教育内容の整合性をはかるには、保育所保育において、新たに幼児教育と
いうものを積極的に位置づける必要が生じたというわけです。

　仮に、満3歳以上の就学前の子どもに対して幼稚園などの学校において
おこなわれる教育が、「子どもたち自身の中にあるものの育成」であれば、
子ども・子育て支援法において、保育と教育をことさら異なるものとして
扱う必要はなかったはずです。このことから、幼児教育という文言によっ
て、指針・要領において整合性が確保された教育は、保育所がおこなって

---

*8　坂元彦太郎（1964）『幼児教育の構造』フレーベル館，p.8を参照してください。
*9　子ども・子育て支援法では、保育の定義に関して、「この法律において『保育』
　　とは、児童福祉法第6条の3第7項に規定する保育をいう」と記されています。し
　　かし児童福祉法第6条の3第7項は一時預かり事業に関する条文であり、保育所保
　　育に関する条文ではありません。一時預かり事業に関する条文の中に「保育（養護
　　及び教育（第39条の2第1項に規定する満3歳以上の幼児に対する教育を除く。）」
　　という記述があります。そして、第39条の2第1項で教育を「教育基本法（略）
　　第6条第1項に規定する法律に定める学校において行われる教育」と規定していま
　　す。

いる養護と一体化した教育ではないことがわかります。整合性が確保された幼児教育は、学校教育法制定時から続いてきた、保育概念に含意された「子どもたち自身の中にあるものの育成」をおこなう教育とは異なるものに変化してしまったのです。

3. 国が目標とする5歳児の子ども像

　指針・要領の整合性確保でめざされている、保育概念に含意された教育と異なる幼児教育とはどのようなものでしょうか。指針・要領のいずれにおいても、総則に「育みたい資質・能力」と「幼児期の終わりまでに育ってほしい姿」に関する記述があります。また保育指針では、これらは「幼児教育を行う施設として共有すべき事項」という節に収められています。このようなことから、整合性が確保された幼児教育の根幹は、「育みたい資質・能力」と「幼児期の終わりまでに育ってほしい姿」であることがわかります。以下では、「育みたい資質・能力」と「幼児期の終わりまでに育ってほしい姿」を糸口にして、どのような幼児教育がめざされているのかについてみていきます。

　幼児教育では、生涯にわたる生きる力の基礎を培うために、次の三本柱で示された資質・能力を一体的に育むよう努めるものとするとされています。三本柱とは、「知識及び技能の基礎」「思考力、判断力、表現力等の基礎」「学びに向かう力、人間性等」です。小学校・中学校・高等学校の学習指導要領では、「知識、技能の習得」「思考力、判断力、表現力等の育成」「学びに向かう力、人間性等の涵養」が、各教科の指導の中核に位置づけられています。このことから、幼児期において「育みたい資質・能力」は、小学校以降の教育との連続性をふまえたものであることがわかります。

　そして上記の資質・能力が育まれている「小学校就学時の具体的な姿」は、「幼児期の終わりまでに育ってほしい姿」（以下、「10の姿」）として10項目にわたって示されています。10項目とは、「健康な心と体」「自立心」「協同性」「道徳性・規範意識の芽生え」「社会生活との関わり」「思考力の芽生え」「自然との関わり・生命尊重」「数量や図形、標識や文字などへの関心・感覚」「言葉による伝え合い」「豊かな感性と表現」です。指針・要

領の解説では、「10 の姿」は、「育みたい資質・能力」が育まれることによって「5 歳児後半に見られるようになる姿」であるとされています。

　幼児教育の中で培われる力は、これまで混沌としていたが、こうして小学校以降の教育とのつながりの中で整理されたことで、よりわかりやすくなったと評価する意見[*11]もあります。しかし、幼児期に育みたい資質・能力が指針・要領に明示されたことを、素直に喜ぶことはできません。なぜなら、5 歳児後半にみられるようになるとされている、3 つの資質・能力が育まれた「10 の姿」というのは、指針・要領に記されたという点で、国が目標とする 5 歳児の子ども像にほかならないからです。就学前保育・教育施設の現場は、5 歳児の子ども像をめざして幼児教育をおこなうように国から要請されたとも言えるのです。

　前節では、指針・要領において整合性が確保された幼児教育は、学校教育法制定時から続いてきた、「子どもたち自身の中にあるものの育成」をおこなう教育とは異なるものに変化したと指摘しました。「子どもたち自身の中にあるもの」を育む教育とは、一人ひとりの子どもが、みずから育っていこうとする方向に育つことを大切にする教育です。国が期待する子ども像をめざし、国が必要と考える資質や能力を身につけさせる教育とは大きく異なっています。

4.　到達目標としての評価観点と化す「10 の姿」

　2016 年に指針・要領の改訂（定）に関して中間のまとめが出されると、「10

---

*10　それぞれの所管省庁が編集した解説をさしています。厚生労働省（2018）『保育所保育指針解説 平成 30 年 3 月』、文部科学省（2018）『幼稚園教育要領解説 平成 30 年 3 月』、内閣府・文部科学省・厚生労働省（2018）『幼保連携型認定こども園教育・保育要領解説 平成 30 年 3 月』の 3 冊です。

*11　教育要領改訂をめぐる審議の主査代理を務めていた神長美津子は、文部科学省初等中等教育局幼児教育課による鼎談において、「これまでの幼児教育の中では、遊びや生活の中で子供たちはいろいろな力を培ってくるけれども、それが混沌としていた。しかし、今回の縦のつながりの中で三つの柱が提示されることにより、ここにつながっていくのだというものが見えてきたのではないかと思います」と語っています［文部科学省（2017）『初等教育資料』№ 951、東洋館出版社，p.41］。

の姿」が到達目標になることを懸念する議論が巻き起こりました。そのようなことも影響したのか、指針・要領の解説では、実際の指導では、「10の姿」が「到達すべき目標ではないことや、個別に取り出されて指導されるものではないことに十分留意する必要がある」と記されています。

　しかし同時に、指針・要領の解説には、小学校の教員と「10の姿」を「手掛かりに子どもの姿を共有するなど[12]」により、園所の保育や教育と「小学校教育の円滑な接続を図ることが大切である」と記されています。またこれに関連し、小学校学習指導要領の総則では、教育課程の編成にあたり、「10の姿」を「踏まえた指導を工夫することにより、幼稚園教育要領等に基づく幼児期の教育を通して育まれた資質・能力を踏まえて教育活動を実施」し、「学校段階等間の接続」をはかることが求められています。

　さらに、「10の姿」をくみこんだ保育所児童保育要録や幼稚園幼児指導要録、幼保連携型認定こども園園児指導要録や認定こども園こども要録の参考例が示されました。それに際し、内閣府や文部科学省、厚生労働省から出された「通知[13]」では、「最終学年の記入に当たっては、（略）特に小学校等における児童の指導に生かされるよう、『幼児期の終わりまでに育ってほしい姿』を活用して園児に育まれている資質・能力を捉え、指導の過程と育ちつつある姿を分かりやすく記入することに留意する」とされました。

　「10の姿」をめぐるこのような状況をふまえると、解説において「到達すべき目標ではないことや、個別に取り出されて指導されるものではないことに十分留意する必要がある」と記されなければならなかった理由がみえてきます。「10の姿」は、到達目標として扱われ、個別にとりだして指導されることによって利用価値が高まる可能性があるからです。

　「10の姿」は、「資質・能力が育まれている子どもの小学校就学時の具体的な姿」とされています。そして資質・能力の柱の1つである「知識及び技能の基礎」では、「感じたり、気付いたり」するだけでは不十分で、「分かったり、できるようになったり」することが求められています。また、もう1つの柱である「思考力、判断力、表現力等の基礎」では、ただ「考えたり、試したり、工夫したり、表現したりする」のではなく、それらを

おこなうにあたり「気付いたことや、できるようになったことなど」を使うことが求められています。つまり、資質・能力では、「できること」が重視されています。

そのため、保育者と小学校の教員が子どもの姿を共有する、小学校の教員が接続を意識した教育課程を編成する、保育者が5歳児の要録を記す、などの場合に、資質・能力が育まれた「10の姿」を活用すればするほど、子どもは「できる、できない」のまなざしにさらされることになるでしょう。そうなれば「10の姿」は、保育者や小学校の教員にとって、資質・能力が育まれた子ども像への到達度を評価する観点と化してしまいます。

教育要領や教育・保育要領には、子ども理解にもとづいた評価をおこなう際には、他の子どもとの「比較や一定の基準に対する達成度についての評定によって捉えるものではないことに留意する」と記されています。しかし、育みたい資質・能力として、5歳児の子ども像が明示された以上、子ども「一人一人の発達の理解に基づいた評価」において、一定の基準に対する達成度による評定を避けることは、むしろ至難の業であると言えるでしょう。[14]

小中学校の指導要録では、「集団に準拠した評価」から「目標に準拠した評価」へと変更され、[15]観点別評価が定着しています。すでに、幼小の連

---

*12　教育・保育要領からの抜粋です。教育要領では「子供」、保育指針では「手がかり」と表記されています。

*13　「幼稚園及び特別支援学校幼稚部における指導要録の改善について」（29文科初第1814号）、「幼保連携型認定こども園園児指導要録の改善及び認定こども園こども要録の作成等に関する留意事項等について」（府子本第315号 29初幼教第17号 子保発0330第3号）、「保育所保育指針の適用に際しての留意事項について」（子保発0330第2号）をさしています。保育所児童保育要録に関しては、表現が異なります。

*14　教育要領の改訂に際し、文部科学省は、「『幼児期の終わりまでに育ってほしい姿』は、五歳児後半の評価の手立てとなるもの」であり、「評価の視点として、（略）五歳児については『幼児期の終わりまでに育ってほしい姿』を踏まえた視点を新たに加える」という説明もおこなっています［文部科学省（2017）『初等教育資料』No. 951，東洋館出版社，p.17］。

携・接続にとりくむ小学校教員によって、「10の姿」が提示されたことによって、幼児教育が理解しやすくなった、連携・接続の実践をふりかえる視点が明確になったなどの実践報告がおこなわれるようになっています[*16]。このような受けとめ方は、「10の姿」が観点別評価に馴染（なじ）みよいものであるからとも言えるでしょう。「10の姿」は小学校以降の学校教育とのつながりを強化するねらいの中で登場しているがゆえに、幼児教育においても、評価の観点と化す可能性がきわめて高いと考えられます。

　安部らは、「10の姿」が書名に掲げられている既刊の「私製解説書」[*17]を分析した結果、すべての解説書において、実践例の中に「10の姿」を「直接的に見いだそうとする」傾向が顕著に認められたことを明らかにしています。そして、このことは「実践例の中に『10の能力』の育ちを見いだそうとする視線を容易に生み出す」と指摘しています。加えて、私製解説書の中には、指導計画のねらいに「10の姿」を観点としてとりいれることを提案しているものもあり、「10の姿」は、「保育者が、子どもの中に育つことを期待する諸能力のカタログと化し、それら諸能力の獲得を保育のねらい＝『目標』に据えるという意味において、事実上10の姿は到達目標と同質化してしまう」と述べています[*18]。

　指針・要領の解説において、「10の姿」は、「到達すべき目標ではないことや、個別に取り出されて指導されるものではないことに十分留意する必要がある」と確認されているにもかかわらず、それを曲解した私製解説書が流布している現状があります。しかも、私製解説書の多くは、指針・要領の改訂（定）に携わった人たちによる著作物です[*19]。この事実をどのように受けとめればよいのでしょうか。改訂（定）の審議にかかわった人たちが私製解説書の作成にあたり、「10の姿」を誤って理解したとは考えられません。このようにみてくると、「10の姿」が到達目標となり評価の観点と化すのは、「資質・能力が育まれている子どもの小学校就学時の具体的な姿」を提示したがゆえに避けられないことであったと言えるのではないでしょうか。

5. あるがままでいることが認められない保育

　できることが重視される資質・能力が育まれた子どもの姿として、「10の姿」が提示されたことにより、子どもは「できる、できない」のまなざしにさらされる可能性が高くなりました。このまなざしは、保育者にどのような変化をもたらすでしょうか。

　発達心理学を専門とする保育のエピソード研究の第一人者である鯨岡峻は、「子どもの行動だけを取り上げ、『できる、できない』に一喜一憂するようになることによって、子どもが自分の心をもった一個の主体として今を懸命に生きている姿が視野に入らなくなり、子どもがいわば断片化された行動能力の集合体であるような見方」になると指摘しています[20]。子どもを「断片化された行動能力の集合体」とする見方は、安部らが私製解説書

---

*15　目標に準拠した評価とは、いわゆる絶対評価のことで、学習指導要領に示す目標がどの程度実現したか、その実現状況を見る評価のことです。集団に準拠した評価とは、いわゆる相対評価のことで、学年や学級などの集団においてどこに位置しているのかをとらえる評価のことです。

*16　たとえば2018年11月に開催された「第68次兵庫県教育研究集会 ひょうご教育フェスティバル」における小学校教員による報告があります。

*17　安部らの論稿［安部高太朗・吉田直哉・鈴木康弘（2019）「『10の姿』に込められた能力観の私製解説書による曲解―実践例と能力の対応化による変質―」『敬心・研究ジャーナル』3(2)、pp.19-29］では、文部科学省・厚生労働省・内閣府の所管省庁が編集にかかわった解説を公式解説と位置づけています。「私製解説書」と呼ばれているのは、公式解説以外に「10の姿」について解説している書籍をさしており、指針・要領が告示された2017（平成29）年から2019（令和元）年9月までに刊行されたものを分析対象としています。

*18　注記*17の論稿を参照してください。

*19　安部らが分析した「私製解説書」の中には、教育要領改訂をめぐる審議の主査を務めた無藤隆編著の解説書、保育指針改定をめぐる審議の委員長を務めた汐見稔幸著の解説書、および委員を務めていた大方美香監修の解説書が含まれています。改訂(定)審議にかかわった人たちが関与したものが全体の3分の2を占めています。

*20　鯨岡峻（2013）『子どもの心の育ちをエピソードで描く―自己肯定感を育てる保育のために―』ミネルヴァ書房の第1章を参照してください。

の分析で指摘した、「10の姿」を「子どもの中に育つことを期待する諸能力のカタログ」とする見方と一致しています。さらに鯨岡は次のように述べています。

　何ができて、何ができていないかというように、子どもを外側からしかみない保育者は、子どもの心の動きがみえなくなり、子どもに心を寄せる姿勢が弱まってしまいます。そうなると、子どもの「心が動いていることがまず摑みとれ、また自分の内部でもさまざまな心が動いていることが実感される」という「接面」が生まれにくくなります。その結果、「子どもの心の動きが捉えられるからこそ、『子どもの思いを受け止め、保育者の願いを返す』という本来の保育の基本」が実現されなくなります。そして、子どもに「あれこれをさせる『させる保育』」である保育者主導の保育になってしまいます。また、接面が少なくなると、子どもは保育者から「認められている、肯定されている、大事に思われているという経験が少なくなり」、保育者への「信頼感や自分への自己肯定感など、子どもの心の育ちが危うく」なります。

　仮に保育中に、「子ども一人ひとりの人格を尊重しないかかわり」「物事を強要するようなかかわり・脅迫的な言葉がけ」「罰を与える・乱暴なかかわり」「一人ひとりの子どもの育ちや家庭環境を考慮しないかかわり」「差別的なかかわり[*21]」が認められたなら、たいていの保育者は、子どもの権利がないがしろにされていることに気がつきます。しかし、保育者主導の「させる保育」によって接面が生じなくなっていても、できることが増えれば保育者にほめてもらえるからとがんばる子ども、ほめられてうれしそうにしている子どもの姿をみて、子どもの権利がないがしろにされていることに気がつくでしょうか。その保育が、「認められている、肯定されている、大事に思われているという経験」を子どもから奪い、保育者への「信頼感や自分への自己肯定感など」を育ちにくくしていることに気がつくのは、むずかしいに違いありません。

　子どもが保育者から「認められている、肯定されている、大事に思われている」と感受できない保育は、子どもにとってあるがままでいることが、認められず、肯定されず、大事にされていない保育です。それは、子ども

が一人の人間として尊重されていない保育です。

　子どもの権利条約の父といわれ、「コルチャック先生」として親しまれているヤヌシュ・コルチャックは、次のように述べています[*22]。

　　「将来のために」と称して大人は子どもに過重な義務を課しています。いま、この時に、生きる人間としての様々な権利を子どもに保障せぬままに。

　コルチャックの考えにもとづけば、おとなが「将来のために」必要であると考える力を身につけさせようとして子どもに過重な義務を課すことは、子どもの権利を保障していないということです。つまり、保育者が、あるがままの子どもの姿を認めず、肯定せず、大事にしないで、子どもの姿を「10の姿」と照らし合わせ、何ができ、何ができないかで評価し、できないところをのばすために力をつけさせようする保育は、子どもの権利を保障していない保育ということになります。

　さらに言えば、できることを増やすことが善きこととされる能力主義的な保育では、できなさや弱さをもった子どもは、あるがままの姿を認められず、肯定されないだけでなく、排除の対象とされるかもしれません。そのようになれば、子どもの権利を保障していない保育からさらに後退し、子どもの権利を侵害する保育に陥る可能性すらあると言えます。

　指針・要領において、何のために保育が必要とされ、その目的を達成す

---

*21　これらは、人権擁護のためのチェックリスト〔全国保育士会（2017）「保育所・認定こども園等における人権擁護のためのセルフチェックリスト～『子どもを尊重する保育』のために～」（https://www.z-hoikushikai.com/about/siryobox/book/checklist.pdf）〕において、保育者が「『子どもを尊重する』ことや『子どもの人権擁護』についてあらためて意識を高め、自らの保育を振り返って」みることができるよう、「『良くない』と考えられるかかわり」としてとりあげられている5つのカテゴリーです。

*22　ヤヌシュ・コルチャックの言葉をサンドラ・ジョウゼフが編集し津崎哲雄が訳した『コルチャック先生のいのちの言葉─子どもを愛するあなたへ』（2001年、明石書店）のp.29に収録されています。

るためにどのような保育が是とされているのか。本章の最初に示したこの問いには、国が目標とする5歳児の子ども像に合致した子どもを育てるために保育が必要とされ、子どもに「断片化された行動能力」を身につけさせる保育が是とされている、と答えざるを得ません。この点において、指針・要領の整合性が確保された就学前保育・教育の現場では、子どもの権利を尊重することがむずかしくなっていると考えます。

6. 子どもが自分らしく育つ権利を保障する保育

　国が私たちに対して、今から5年後には、このような姿になってくださいと10項目にわたって「あるべき姿」を提示したとすれば、違和感なくそれを受けいれることができるでしょうか。5年後の自分がどうありたいかは、自分で決めてよいはずです。自分が自分らしく生きることを国から制約されるというのは、権利が保障されている状態とは言えません。

　そのようなことが、子どもであれば許されるとでも言うのでしょうか。子どもの権利条約では、子どもは自分の考えを自由に表現し（第12条 意見表明権）、自分の意見を自由に伝えることができ（第13条 表現・情報の自由）、自分の考えや自分の信じるものを妨げられることはない（第14条 思想・良心・宗教の自由）とされています。「10の姿」により、5歳児修了までにこのような姿に育ってほしいと子ども像が明示されたということは、子どもの権利条約に謳われている、意見表明権や表現・情報の自由、思想・良心・宗教の自由などの権利が否定され、子どもが自分らしく育つ権利が保障されていないということです。

　コルチャックは、「子どもは未来に生きる存在ではなく、今、今日、現在に生きる存在」であり、「子どもには、自分が将来なるべき人物になることがゆるされるべき」であると述べています。[*23] 子どもが「今、今日、現在」を生き、なりたい自分になることが制約されない保育、子どもが自分らしく育つ権利を保障する保育であってこそ、子どもの権利が大切にされた保育と言えます。そのような保育を実現するために私たちにできることは何でしょうか。

　コルチャックの言葉[*24]を胸に刻みながら、あるがままの子どもといっしょ

に歩み続ける保育者でありたいと思います。

　　子どもに近づくと私は二つのことを感じます。
　　今日のあるがままの子どもへの愛情、
　　そして、
　　子どもの将来の可能性に対する敬意、
　　この二つのことです。

＊23　前掲『コルチャック先生のいのちの言葉―子どもを愛するあなたへ』p.25 に収
　　録されています。
＊24　前掲『コルチャック先生のいのちの言葉―子どもを愛するあなたへ』p.148 に
　　収録されています。

子どもの人権を大切にする「同和保育」の運動

●

井上寿美

　保育指針では、1990（平成2）年の第1次改定時に子どもの人権に関する記述が登場しています。1989（平成元）年に子どもの権利条約が国連で採択されたので、その影響を受けたように見えるかもしれません。しかし日本が権利条約を批准したのは1994（平成6）年ですから、保育指針に子どもの人権に関する記述が登場したのは別の理由があったからです。

　保育指針の保育の目標に「人権を大切にする心を育てる」という文言が記載されたのは、改定にあたり、同和保育にとりくんできた人たちが、「同和保育の推進」を明記するように国に要望したからであると言われています。*1 同和保育と子どもの人権を大切にすることはどのようにつながっているのでしょうか。同和保育は部落差別の問題と深くかかわっています。少し時代をさかのぼって考えてみましょう。

　1965（昭和40）年、部落差別の実態とその解決の方策を示す同和対策審議会答申が出されました。部落差別をなくしていくことは「国の責務であり、同時に国民的課題」であると確認され、その後、部落差別の実態は徐々に改善の方向に向かいました。

　しかし同和対策審議会答申が出される前の被差別部落では、地域による違いはありますが、乳児死亡率が高く、子どもの歩行時期やことばの遅れがみられました。部落差別の結果として、学校で学ぶ機会や安定した仕事に就く機会を奪われた被差別部落の保護者が、日雇いや内職で生計を立てていることも少なくなかった時代です。地域に保育所がない、あるいは保育所があっても就労証明書を提出できず、子どもを保育所に通わせることが叶いませんでした。そのため、サンダルの裏底のゴムを貼りつける内職をしている母親の背中に1日中おんぶされていた子どもが、夕方になると、

接着剤のシンナーの影響でぐったりしている、寒風の中、廃品回収のリヤカーに乗せられていた赤ちゃんが、屑_{くず}の中に埋もれて埃_{ほこり}まみれになって寝ていた、などの厳しい差別の現実がありました^{*2}。

　当時の被差別部落の子どもは、子どもの権利条約との関係で言えば、4つの一般原則のいずれもが保障されていませんでした。すなわち、差別の禁止（第2条）、子どもの最善の利益（第3条）、生命・生存・発達への権利（第6条）、子どもの意見表明（第12条）です。このような差別の現実は、それに直面した保育者を突き動かしました。そして保護者や地域の人々と共に、侵害されていた子どもの権利を保障する保育としての同和保育の実践が積み重ねられていったのです。保育指針に「同和保育の推進」を明記するように国に要望したのも、再びこのような子どもの人権侵害を引き起こしてはならないと強く願っていたからでしょう。

　西日本を中心に広がった同和保育の実践を抜きにして、日本における子どもの人権を大切にする保育について語ることはできません。私たちは、同和保育の実践から、社会的不利を被っている子どもがいれば、子どもの最善の利益の実現のために自分に何ができるのかを考え行動する姿勢を学びたいと思います。

＊1 子ども情報研究センター（2000）『改訂保育所保育指針を読む28のポイント』を参照してください。
＊2 鈴木祥蔵（1985）『［同和］保育と子どもの人権』明石書店を参照してください。

人権保育から「10の姿」を超える

●

堀 正嗣

1. 日本の学校教育の問題点と「10の姿」

日本政府は1994年に子どもの権利条約を批准しました。子どもの権利条約は、国連が採択した国際条約の1つです。国際条約は、憲法にもとづいて批准され、他のすべての法律よりも上位の法的拘束力をもっています。そのため、子どもの権利条約に合致するように国内の法律や規則を改正する必要があります。そこで、前章で指摘されているように、児童福祉の分野においては、2016(平成28)年に、「児童の権利に関する条約の精神にのっとり」(第1条)、「意見が尊重され、その最善の利益が優先して考慮され」(第2条)と、子どもの権利条約の理念が児童福祉法に規定され、戦後最大の改正がおこなわれました。

一方、学校教育においては、子どもの権利条約をふまえて法律や制度を改正する動きはみられません。ここに日本の教育の根本的な問題があります。

教育の目的について定めた子どもの権利条約第29条1項には、以下のように規定されています。

1 締約国は、児童の教育が次のことを指向すべきことに同意する。
   a. 児童の人格、才能並びに精神的及び身体的な能力をその可能な最大限度まで発達させること。
   b. 人権及び基本的自由並びに国際連合憲章にうたう原則の尊重を育成すること。
   c. 児童の父母、児童の文化的同一性、言語及び価値観、児童の居住

国及び出身国の国民的価値観並びに自己の文明と異なる文明に対する尊重を育成すること。

d. すべての人民の間の、種族的、国民的及び宗教的集団の間の並びに原住民である者の間の理解、平和、寛容、両性の平等及び友好の精神に従い、自由な社会における責任ある生活のために児童に準備させること。

e. 自然環境の尊重を育成すること。

また国連子どもの権利委員会[*2]「一般的意見第1号（教育の目的）[*3]」は、以下のように規定しています。

1 第29条1項の各号に掲げられた5つの目的はすべて、子どもの人間としての尊厳および権利を、子どもが有する発達上の特別なニーズおよび発達しつつある多様な能力を考慮にいれながら実現することと、直接結びついている。その目的とは子どもが有する全面的可能性をホリスティック[*4]に発達させること（第29条1項(a)）であり、そこには人

---

*1 「子どもの権利条約（政府訳では"児童の権利に関する条約"）」(United Nations Convention on the Rights of the Child) は、子どもの基本的人権を保障するために定められた国際条約です。1989年の第44回国連総会において採択され、1990年に発効しました。日本は1994年に批准しました。18歳未満を子どもと定義し、おとなと同様に一人の人間としての権利をもち行使する主体と位置づけています。前文と本文54条からなり、子どもの生存、発達、保護、参加という包括的な権利を実現・確保するために必要となる具体的な事項を規定しています。

*2 子どもの権利に関する委員会（子どもの権利委員会）は、子どもの権利条約第43条にもとづき設置された独立機関です。締約国が定期的に提出する報告書の審査や「一般的意見」を採択する活動等をおこなっています。

*3 一般的意見は、子どもの権利委員会が、多数の締約国報告書を審査してきた経験にもとづいて、条約の規定や実施のあり方に関する委員会の解釈を示す文書です。厳密な意味での法的拘束力は有しませんが、締約国の政府や裁判所等によって正当に尊重されなければならないものです。

*4 「ホリスティック」とは、「全体」という意味をもち、ボディ（からだ）・マインド（心）・スピリット（精神／魂）を総括的に、とらえていく考え方です。

権の尊重の発達（第29条1項(b)）、アイデンティティおよび帰属の感覚の増進（第29条1項(c)）、社会化および他者との交流（第29条1項(d)）および環境との相互作用（第29条1項(e)）が含まれる。[*5]

また人権教育については1つの項を設け、「15. 第29条1項は、1993年のウィーン世界人権会議が呼びかけ、かつ国際機関が促進しているさまざまな人権教育プログラムの礎石ととらえることもできる。」と述べています。

このように、教育の目的は「子どもの人間としての尊厳および権利を子どもが有する発達上の特別なニーズおよび発達しつつある多様な能力を考慮にいれながら実現することと、直接結びついている」と子どもの権利委員会は認識しています。「子どもの人間としての尊厳および権利」を実現することをめざす教育は広義の人権教育です。就学前教育から大学まで、すべての段階でこのような教育がおこなわれる必要があります。

ところが日本政府は国連子どもの権利委員会から次のような勧告をくり返し受けています。

> 71. 委員会は、学業面での優秀な成果と子ども中心の能力促進とを結合させ、かつ、極端に競争的な環境によって引き起こされる悪影響を回避する目的で、締約国が学校制度および大学教育制度を再検討するよう勧告する。これとの関連で、締約国は、教育の目的に関する委員会の一般的意見1号（2001年）を考慮するよう奨励される。[*6]

日本の教育制度が子どもの人権を侵害する「極端に競争的な環境」であり、前述の一般的意見1号に規定された教育目的を考慮しないものになっているため、学校制度の再検討が必要だと子どもの権利委員会は勧告しているのです。

幼稚園は、学校教育制度の一環ではありますが、小学校以降とは異なる考え方に立って教育がおこなわれてきました。教育目的の観点からは、小学校教育は到達目標ですが、幼稚園教育は方向目標を掲げます。教育方法

の観点からは、小学校教育は定められた教育内容を教科ごとに教員が教えていく直接教育ですが、幼稚園教育は子ども主体で環境を通しておこなわれる間接教育です。評価の観点からは、小学校教育は到達目標に照らしての絶対評価ですが、幼稚園教育は一人ひとりの個性的な育ちを評価する個人内評価です。このような独自性により、幼稚園教育は一定程度「極端に競争的な環境」から守られ、一般的意見１号が求める子どもの人権を尊重した教育目的に合致するものだったと言えます。保育所や認定こども園においても、幼稚園教育と同様の考え方で就学前教育がおこなわれてきたため、一定程度「極端に競争的な環境」から守られてきました。

　ところが、2017 年 3 月に改訂(定)された指針・要領に盛りこまれた「10の姿」は、「就学前教育と小学校以上の教育を貫く柱を確保する[*7]」ものとされ、結果として就学前教育を小学校以降の教育の準備教育に貶（おと）めてしまう懸念があります。前章で書かれているように、「10 の姿」が「到達目標としての評価観点と化す」状況が生まれてきているのです。小学校以降の学校教育の問題点を改善しないままで、就学前教育をそれに従わそうとしたために、結果的に就学前教育をも「競争主義的な教育環境」に巻きこむ恐れがある点が「10 の姿」を含む今次改訂(定)の根本的な問題です。

2. 人権保育としての就学前保育・教育

　幼児教育・保育は子どもの人権の保障をめざすものであり、目的・内容・方法のすべてにわたって人権の視点が貫かれていなければなりません。とりわけ、権利侵害を受けやすい弱い立場の子どもたちの人権を保障するために、多くの運動や保育実践がありました。

---

*5　平野裕二訳「子どもの権利委員会　一般的意見第 1 号（2001 年）」（http://childrights.world.coocan.jp/crccommittee/generalcomment/genecom1.htm）　一般的意見からの引用は以下すべて上記からです。

*6　平野裕二訳「子どもの権利委員会：総括所見：日本（第 3 回）（2010 年）〔後編〕」（https://w.atwiki.jp/childrights/pages/14.html）

*7　無藤隆編著（2018）『幼児期の終わりまでに育ってほしい 10 の姿 Kindle 版』東洋館出版社，位置番号 15.

日本において、人権保育の原点となったのは、被差別部落の子どもたちの差別からの解放を求めた同和保育でした。[*8] 子どもの保育権を保障し、解放の資質を育てていこうとしたとき、人権の立場から保育をつくり出そうというはっきりとした方向性を同和保育は志向していました。そして、障害児差別や民族差別、性差別などさまざまな差別の問題に気づき、保育の課題としていったときに、部落差別だけでなくさまざまな差別に反対する「反差別の保育」へと発展していきました。さらに、障害児共生保育や多文化共生保育、民族保育、性の多様性と共生の保育、平和保育、自然との共生の保育などと結びつくことによって、包括的な「人権保育」へと展開しています。そして、子どもの権利条約、国連人権教育の10年（1995～2004）に盛りこまれた子どもの人権、人権文化の思想とであい、人権保育の概念はグローバルに発展しつつあるのです。

　国連は子どもの権利条約批准国が多数の国に及んだのを機会に、その徹底を図るために、「国連人権教育の10年」（United Nations Decade for Human Rights Education）を設定することを決め、1995年から2004年までをその期日と定めました。国連事務総長は人権教育の概念を「知識とスキルを分かち伝え、態度を育むことを通じて、人権の文化を世界中に築きあげることを目的とする教育・訓練・情報提供の取り組みである」[*9] と定義しています。この定義は、乳幼児から成人まであらゆる年齢層の人々を対象とし、また就学前保育・教育施設や学校などの施設における教育だけでなく、家庭教育や社会教育、企業内教育などあらゆるものを含んでいます。人権保育はその一領域なのです。

　人間は幸福を求め、権利の実現を求めて闘ってきました。それは人間の肯定的パワーであり、人間の本質にもとづくものです。一方、この世界には、さまざまな差別や抑圧が存在します。それは、人間にとって非本質的な、非合理的な、否定的なパワーです。にもかかわらず、社会の歴史的な展開の中で生まれ、文化の一部として制度化され、内面化されています。そのためそれが差別・抑圧であること自体気づかなくなってしまっていることが多いのです。女性差別や子どもの人権侵害などはこうした背景の中で日常化しています。

図1 人権保育の構造

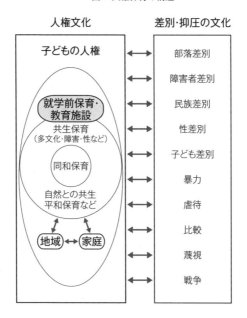

人権保育とは、差別・抑圧の文化を克服し、人権の文化を意識的に築きあげようとするとりくみです。就学前保育・教育施設におけるとりくみの場合には、子どもの人権が土台になります。

また人権教育の創造性からして、人権保育はたんに就学前保育・教育施設における実践を意味するだけではなく、家庭や地域やあらゆる場で、乳幼児の子どもたちの人権の文化を築きあげるとりくみであると定義することができます。就学前保育・教育施設における人権を大切にする保育はその一部なのです。したがって、人権保育を創造するにあたって、就学前保育・教育施設の保育内容を見直すと共に、就学前保育・教育施設に通っていない子どもを含めた家庭との連携、子育ち・子育て支援、児童福祉施設や小学校等との連携、地域との連携、まちづくりを広い意味での保育内容

＊8　「同和保育」については、コラムを参照。

＊9　森実（1995）『いま人権教育が変わる——国連人権教育10年の可能性』部落解放研究所, p.15.

として位置づける必要があります。

3. 人権保育の4つの側面

　人権保育の土台は子どもの人権の視点です。ここで言う子どもの人権とは、子どもが守られる権利や育つ権利をもつということだけでなく、おとなと対等平等の権利行使主体であるという、子どもの権利条約に規定された子ども観の転換を意味しています。子どもに対するあらゆる差別や抑圧を許さず、「差別の禁止」、「子どもの意見表明権の保障」、「子どもの最善の利益」、「生命、生存及び発達に対する権利[*10]」を原則として、子どもの人権を実現していくことこそ人権保育の土台なのです。

　「国連人権教育の10年」では、子どもの権利条約をふまえて、「①人権のための教育（Education for human rights）、②人権としての教育（Education as human rights）、③人権をつうじての教育（Education in or through human rights）、④人権についての教育（Education on or about human rights[*11]）」の4つの側面で「人権教育」をとらえています。これを保育概念で考えれば次のようになります。

　まず「①人権のための保育」とは、人権を大切にする社会や個人を育てようとする保育のことです。このような目的をしっかりと自覚して、保育をおこなう必要があるということです。こうした子どもの人権の視点が、学校教育法をはじめとする法律や幼稚園教育要領、学習指導要領などに反映されていないことが、日本の教育の根本問題です。「10の姿」をこの点からとらえなおす必要があります。

　次に「②人権としての保育」とは、保育を受けることそのものが子どもの人権だということです。歴史的にみれば、障害児や貧困家庭の子どもたち、外国にルーツをもつ子どもたちなど、マイノリティの子どもたちが就学前保育・教育施設や小中学校から排除されてきました。映画「みんなの学校[*12]」で全国に感動を巻き起こした大空小学校の校長室には、「すべての子どもの教育権を保障する」という学校教育目標が掲げられています。就学前保育・教育施設にも、障害児や外国にルーツをもつ子どもたちなど、すべての子どもを包みこみ、誰も取り残さないインクルーシブ教育を実践

する使命があります。

　「10の姿」は小学校入学までに育んでほしい姿のめやすを示したものだと考えられます。しかしそれは健常者・定型発達者を想定したものにすぎず、障害や民族など、さまざまな個性（多様性）を尊重し包摂するものではありません。そのため「10の姿」により、障害児などマイノリティの子どもたちが、あるがままの姿を認められなかったり、排除されてしまうことが懸念されます。

　たとえば、幼稚園教育要領に記された「10の姿」の「健康な心と体」には、「幼稚園生活の中で、充実感をもって自分のやりたいことに向かって心と体を十分に働かせ、見通しをもって行動し、自ら健康で安全な生活をつくり出すようになる」と記載されています。就学前保育・教育施設の子どもたちの中には、先天性の疾患などのために生活する中で"医療的ケア"を必要とする子どもたちもいます。また「見通しをもって行動し、自ら健康で安全な生活をつくり出す」ことが難しい知的障害や発達障害のある子どももいます。「健康な心と体」はこうした子どもたちのことを想定しているでしょうか。

　また、「言葉による伝え合い」では、「経験したことや考えたことなどを言葉で伝えたり、相手の話を注意して聞いたりし、言葉による伝え合いを楽しむようになる」と記載されています。「言葉による伝え合い」をおこなわない知的障害がある子どもたちや手話によるコミュニケーションをおこなう「ろう」の子どもたち、外国にルーツのある子どもたちのことを「言葉による伝え合い」は想定しているでしょうか。

---

*10　この4つは、子どもの権利条約の一般原則です。

*11　森実（1995）『いま人権教育が変わる──国連人権教育10年の可能性』部落解放研究所, pp.16-17.

*12　「みんながつくる、みんなの学校」をスローガンに、他の学校で不登校だった子どもや障害児も含めたインクルーシブな教育をすすめていた大阪市立南住吉大空小学校のとりくみを紹介し、第68回文化庁芸術祭大賞など数々の賞を受賞したテレビドキュメンタリーを劇場版として再編集した作品。2014年製作／配給：東風／監督：真鍋俊永。

後述しますが、文部科学省が実施している特別支援教育は、国連の子ども
もの権利条約や障害者権利条約が求めるインクルーシブ教育ではありませ
ん。重い障害のある子どもたちは、特別な場で教育を受けることを原則と
する制度です。このような制度の中で、障害のある子どもたちは就学前保
育・教育施設や地域の学校から排除されているのです。こうした排除を克
服し共生をめざす意識が必要です。

　「③人権をつうじての保育」とは、日々の就学前保育・教育施設での生
活が人権を大切にする雰囲気の中で営まれていなければならないというこ
とです。また保育の方法や内容が「子どもの人権を保障する」という考え
方と合致するものでなければならないということでもあります。こうした
観点からすれば、規則に従うことや一律に同じ活動をおこなうことを子ど
もに強いる管理保育、あらかじめ定めた内容を一方的に教えこむ保育、教
育の方法として子どもの尊厳を傷つける罰（体罰を含む）を用いることや
競争を強いること、保育の中での差別やいじめ、こうしたことを克服する
ことが必要です。子どもの人権と合致しない教育においては、すべての子
どもの尊厳が傷つけられていますが、とりわけ障害がある、外国にルーツ
のある、性的少数者、貧困家庭、社会的養護の子どもなど、不利な立場の
子どもが深刻な被害を受けます。保育の流れについていけないとか、集団
の秩序を乱すという理由で、教育の場や活動から排除されたり、差別的な
目でみられたり、いじめの対象になったり、孤立することになりかねない
からです。

　障害児保育では「障害児を締め出す保育は弱くてもろい保育である」と
言われてきました。人権の視点に立った保育は、その反対で、すべての子
どもの存在と個性、ニーズ、興味・関心を尊重し、どの子も取り残さずに
共に育ち合うことを実現するしなやかさをもった保育です。こうした保育
をインクルーシブ保育と呼びます。こうした保育をつくり出すことを私た
ちは求められているのです。

　最後に「④人権についての保育」、つまり人権のことを直接に内容とし
た保育があります。子どもたちが自分の人権（子どもの人権）について幼
少期から学ぶことが大切です。障害児者や外国にルーツをもつ人たち、性、

年齢などへの偏見を克服すること、そして人間の多様性を認め合い、共に生きることのすばらしさを伝えていくことも必要です。こうした教育をおこなうにあたって、参考になる絵本や童話、動画、参加型人権学習教材などがたくさんあります。

　このように構造的に理解して、保育の総体、カリキュラムの総体を人権の視点から見直し、それぞれの人権保育をつくり出していくことが必要です。そのことにより、グローバルで具体的な人権保育が成立するのです。

4. 人権保育の視点

　人権保育をつくり出していくための基本的な視点は次の７点です。[13]

　①差別や人権侵害の現実から学ぶ
　②子ども主体の保育を創造する
　③「自立と共生」の関係をつくり出す
　④子どもがエンパワーする保育をつくり出す
　⑤子どもをとりまく人権文化を構築する
　⑥生活と仕事、遊びと表現を重視する
　⑦地域・家庭との共同子育ち・子育てをつくり出す

　人権保育の本質および目的からまず「①差別や人権侵害の現実から学ぶ」の視点が要請されます。差別や人権侵害として、部落差別や障害者差別、民族差別、性差別などがあります。その他にもさまざまな属性による差別が子どもたちにのしかかっています。また、子どもの人権の問題として、虐待や貧困の問題があります。CAP（子どもへの暴力防止プログラム）[14]

---

*13　詳細は、鈴木祥蔵・堀正嗣編著（1999）『人権保育カリキュラム』明石書店、を参照。

*14　CAP（キャップ）は、Child Assault Prevention（子どもへの暴力防止）の頭文字をとったものです。いじめ・虐待・体罰・誘拐・痴漢・性暴力などさまざまな暴力から自分の心とからだを子ども自身が守る暴力防止のための予防教育プログラムとしてアメリカで開発されたものです。

では、人権を保障された子どもの心の状態を「安心・自信・自由」と表現しています。子どもの「安心・自信・自由」を妨げる抑圧は、すべて人権侵害だととらえる必要があります。子どもたちは愛し愛される関係の中で人間として大切に扱われる権利をもっているのです。このような人権感覚をもち、子どもたちの現実から学ぶことが人権保育の前提です。

　次に②③④は、①の視点に立って、保育をつくり出そうとしたときの基本的な立場を表明したものです。まず子どもの権利主体性から、保育における「②子ども主体の保育」が導かれます。子どもが権利行使主体であるという子どもの権利条約の原則からすれば、当然保育の主体は子どもでなければなりません。しかしながら、学校教育ではおとなによって教育される対象として子どもをとらえる傾向が強く、権利行使主体として認識されることは弱かったのです。そのため、学校のカリキュラムはトップダウンでした。学習指導要領に定められた教育内容を、同じ順序、速度、方法ですべての子どもに教えていくという性格が強かったのです。

　これに対して、人権保育は子どもたちの生活や遊びに依拠しなければ成立しません。カリキュラムを保育計画、生活や遊びの計画と考えれば、保育者が子どもと共につくるのが自然なこととなります。これまでの指針・要領は、学習指導要領と一線を画して、子ども主体の保育の視点に立っていました。本来であれば、幼児教育の原理を取り入れて、小学校以降の教育が子ども主体の教育に改革されなければならないはずです。しかし実際には、「10の姿」にみられるように、小学校への準備教育としての性格を強めることで、就学前教育の子ども主体の理念をなし崩しにしていきかねない改訂(定)がおこなわれているのです。

　次に「③『自立と共生』の関係をつくり出す」ことを追求する必要があります。新自由主義的な社会政策、教育政策がすすめられる中で、孤立と競争が熾烈になってきています。「自分のことは自分で」、「人に迷惑をかけてはいけない」という自己責任論の考え方がますます強調されるようになり、力を合わせて1つのことを成し遂げたり、支え合っていっしょに生きていくということができないような社会になってきています。

　このような状況の中で、インクルーシブ保育から提唱されてきた「共に

生きる」という理念は大切な意味をもっています。人間は社会的存在であり、共に生きる中にこそ安心と幸福があるのです。と同時に、一人ひとりの尊厳と多様性を尊重することこそ、共生を支えるものです。日本には、「出る杭は打たれる」、「長いものには巻かれよ」といった言葉に象徴される「日本的集団主義」、「世間」の同調圧力があります。多数や「上」の価値観に同調し、同じでなければ抑圧される「抑圧の文化」があります。この「抑圧の文化」に抗して、個人の自由や自立を尊重して、共に生きることを追求することが必要です。それは人権の基底をなす、個人の尊厳にかかわる問題なのです。

　次に保育者と子どもの関係および保育の原理として「④子どもがエンパワーする保育をつくり出す」が導かれます。エンパワメントは、子どもに力や自信、自尊心を身につけさせることという意味で使われることがあります。確かに、結果として子どもが力をつけていくことはエンパワメントの１つの側面です。しかしこの「力をつける」というとらえ方に対して、森田ゆりは次のように批判しています。

　　エンパワメントを「力をつけること」と理解してしまったら、それはあの「自立」のエリート意識と少しも変わらなくなってしまう。わたしは力をつけたのよ、あなたもがんばって力をつけなさい、わたしは自立しているわ、あなたも自立しなさい、というがんばれ、がんばれのメッセージ。相変わらず個人の競争意識をあおるだけで、ある者には優越感を、ある者には劣等感を抱かせるだけの掛け声にすぎず、変革思想などとはほど遠いのだ。
　　そう、わたしたちはもういつまでもがんばりつづけなくてもいいのだ。ただ存在するだけで十分にすばらしい。がんばって外から力をつけようとしなくても力はすでに内にあるのだから。そのことを信じることができないから人々は競争し、比較することで自分の価値を見い出そうと、果てしない「がんばろう」の自己叱咤で疲れ切っていく。[15]

*15　森田ゆり（1998）『エンパワメントと人権』解放出版社，p.15.

エンパワメントとは「力をつけること」ではなく、「力はすでに内にある」ことを信じて、差別や抑圧の中で奪われた力を取り戻すということです。すなわち、問題は個人の無力さにあるのではなく、その無力さをもたらした社会的な差別や抑圧にこそあるというのがエンパワメントの基本的な考え方です。

　法律用語としてのエンパワメントは「権限を与えること」という意味で 17 世紀から使用されてきました。しかし現在は「社会的に差別や搾取を受け、自らコントロールする力を奪われた人々が、力を回復するプロセス[*16]」としてさまざまな分野で使われています。これは、1950 年代から 1960 年代にかけての黒人の公民権運動が起源であり、それがフェミニズム運動や各地の民族解放運動、障害者運動、子どもの権利運動などの社会運動に広がっていったものです。

　欧米の人権保育では、セルフエスティームとエンパワメントの概念が重視されています。子どもたちは日々の遊びや生活の中で、人との関係をとおして大切にされ、支えられ癒される経験をしていきます。それをとおして、無力感や自己否定感から解放されて、高いセルフエスティーム（自分をかけがえのない存在だと感じて自信や誇り、権利意識をもつこと）を感じ、他者への信頼や共感や援助などの肯定的なパワーを発揮していくのです。このように社会的な抑圧から解放されて肯定的なパワーを発揮できるような関係性を築くことが、エンパワメントの意味です。

　⑤⑥はおとなから子どもに伝えていくものを整理したものです。私たちは自然と人類がつくり出してきた文化を子どもたちに伝えていく必要があります。就学前保育・教育施設における子どもをとりまく環境、保育内容を人権文化という観点から見直し、最善のものを子どもたちに伝えていかなければならないというのが「⑤子どもをとりまく人権文化を構築する」です。

　これは、第 1 に子どもをとりまく人間関係や絵本・音楽などの文化財を見直し、つくり出すということを意味しています。保育においてとり扱われる文化は常に人権とかかわっているのです。そして、第 2 に人権につい

ての知識や態度（価値観）を子どもたちに伝え、生活の中でスキルを育むなど、総合的に人権を大切にする力を育てていくことを意味しています。

「⑥生活と仕事、遊びと表現を重視する」は、ルソーやペスタロッチ、フレーベル、モンテッソーリなどの保育思想の源流から継承した重要な観点です。哲学者のハンナ・アーレントは働くことを、「労働」（Labor）・「仕事」（Work）・「活動」（Action）の３つの活動力から説明しています[17]。「労働」（Labor）とは生きていくために必要に迫られて働くことであり、現代では金銭を稼ぐためのものと言えます。次に「仕事」（Work）とは「自分という人間の表現」つまり自然とは異なる世界や時間を超えて存続する世界をつくり出そうとすることで、絵画や陶芸などの制作活動を意味しています。そして、最後の「活動」（Action）とは、よりよい社会を実現するために、他者に働きかけることです。

生活と仕事は今日、子どもたちから離れてきています。サラリーマン家庭がほとんどになり、親の「仕事」は子どもにみえなくなりました。家事も自動化・外部化され、家庭での「仕事」もみえにくいものになっています。きれいな生活の中で自然からも子どもたちは遠ざけられています。このような時代であるからこそ、保育内容として生活と仕事を子どもたちに保障していく必要があります。そうした中で、子どもたちの身体と心が育っていくのです。

また、保育は子どもの遊びに依拠しなければならないということは、保育思想の源流の中で明らかにされてきた保育の原理です。発達や教育のための手段としての遊びや表現ではなく、遊びや表現そのものが子どもの現在の充実にとって本質的な意味をもつのであり、それが結果として子どもの発達につながることを認識する必要があります。

最後が「⑦地域・家庭との共同子育ち・子育てをつくり出す」です。現在の子育ち、子育てをめぐる困難な状況として孤立化があげられます。こ

＊16　久木田純（1998）「エンパワーメントとは何か」『現代のエスプリ―エンパワーメント』（378），10-34，p.10.

＊17　ハンナ・アレント，志水速雄訳（1994）『人間の条件』筑摩書房.

うした状況の背景として、核家族・少子化・競争主義・物質主義などいろいろな要因が考えられます。それらとともに、就学前保育・教育施設も学校も施設の中に子どもを囲いこみ、保育・教育を家庭生活や地域生活とは別のものにしてきたことも重大な要因としてあげられるのではないでしょうか。

これまで就学前保育・教育施設では、親や地域の人たちが園の運営や保育内容に参加するということは弱かったと言えます。また、子ども自身が参画するという意識も薄かったのではないでしょうか。地域における共同の子育ち・子育ての拠点として就学前保育・教育施設をとらえるならば、施設を開くことが求められてきます。さまざまな子どもや保護者、地域の人たちにどんどん来てもらえるような関係をつくり出していくことが必要なのです。

また、子どもを育つ主体としてみていけば、家庭や地域における子どもの生活が就学前保育・教育施設での生活の土台になっていることは明らかです。子どもの生理的なニーズが満たされ、安心感をもち、十分な愛情を与えられて、帰属感をもつことができるような関係が家庭や地域において満たされることが必要です。そのために家庭、地域の連携が不可欠です。その際重要なのは、保護者どうしの支え合う関係を支援することです。同じ立場の保護者との対等で共感的な関係の中で、癒されたり、勇気づけられたり、教えられたりして、エンパワーしていくことができるのです。

このように考えれば、地域の人たちに就学前保育・教育施設を開いていくと共に、子どもや保育者が積極的に地域や家庭に出て行き、共同の子育ち・子育てをおこなっていくことが必要となります。就学前保育・教育施設が核としての役割を果たしながら、地域社会のあらゆる資源で共同の子育て・子育ちを支援することが必要なのです。

5. 人権教育としてのインクルーシブ教育

2009 年にユネスコが、「教育におけるインクルージョンのための政策指針」を出しています。そこには次のように書かれています。

民族的・言語的マイノリティや過疎地（先住民等）出身者、HIV・AIDS感染者、そして障害及び学習困難のある少年少女・生徒を含むすべての子どもの要求を満たすために、またすべての若者と成人に学習機会を提供するために、学校や他の教育施設を変革するプロセスである。その目的は、人種、経済的地位、社会階級、エスニシティ、言語、宗教、ジェンダー、性指向、能力における多様性に対する否定的態度および対応の欠如の結果として生じる排除を根絶することである。[*18]

　さまざまな形で差別を受け、排除される人たちが世界規模でみればたくさんいます。こういった人たちへの排除を根絶して、すべての子どもたちが共に学べる就学前保育・教育施設や学校をつくっていくことがインクルーシブ教育なのだとユネスコは定義しているのです。さらに次のように書かれています。

　　フォーマル－インフォーマル、家庭内・コミュニティ双方の、様々な文脈の下で、教育は行われている。結論として言えば、インクルーシブ教育は周縁的なものではなく、すべての学習者に質の高い教育を保障し、よりインクルーシブな社会を発展させるための中心的な課題なのである。インクルーシブ教育は社会的平等を達成するために欠くべからざるものであり、生涯学習の構成要素なのである。

　教育は就学前保育・教育施設や学校だけでなく、家庭や児童館のような地域でもおこなわれています。ですから、インクルーシブ教育はあらゆるところでおこなわれなければなりません。またインクルーシブ教育は、障害児など一部の子どもたちにかかわる周縁的な教育ではなく、すべての学習者に質の高い教育を保障して、よりインクルーシブな社会を発展させるための就学前保育・教育施設や学校の中心的な課題だと定義しているのです。

---

　*18　UNESCO（2009）*Policy Guidelines on Inclusion in Education*, p.4.

この考え方は2015年の国連持続可能な開発サミットで採択された、SDGs（持続可能な開発目標）の中に、「すべての人に包摂的かつ公正な質の高い教育を確保し、生涯学習の機会を促進する[*19]」と盛りこまれました。

　ここで確認しておきたいことは、グローバルにみたときにインクルーシブ教育には2つの側面があるということです。1つは「障害児教育改革の理念と実践」という側面です。「障害者が障害に基づいて一般的な教育制度から排除されないこと（障害者権利条約第24条2a）／地域社会において、障害者を包容し、質が高く、かつ、無償の初等教育・中等教育を享受することができること（同2b）」とあるように、障害児が一般教育制度から排除されない、地域社会の通常の学校で教育を享受できるということです。

　これは世界中の障害者運動が求めてきたものです。日本でも1970年代から当事者、保護者、そしてそれにかかわる教員、市民などがインクルーシブ教育を求める運動を展開してきました。こうした全世界での運動の結果、各国でインクルーシブ教育が制度化され実践されるようになりました。そして障害者インターナショナルなどの組織が世界的にキャンペーンやロビー活動をおこなうことで、国連で障害者権利条約に規定されるようになったのです。

　そして、もう1つの側面が、先のユネスコの定義にあるように、「すべての人の教育権保障と社会的包摂」です。インクルーシブ教育は、アメリカでは黒人の公民権運動に影響を受けたものです。アメリカでは長く白人と黒人の学校が分けられていました。「分けることは差別である」と黒人たちは運動してきたのですが、そのときのスローガンが「インテグレーション（統合）」でした。当時、アメリカでは「分離すれど平等」という考え方が公に認められていました。「白人と黒人で学校を分離していても、どちらの学校も教育を保障しているから違法でも差別でもない」という考え方が受け入れられていたのです。しかし1954年のブラウン判決によって、分離は不平等、差別であるという判決が下されました。この判決にもとづいて人種統合教育を展開していく動きが生まれます。黒人の公民権運動や人種統合教育に学んで、障害者はインテグレーションを求めて運動していきます。このように、アメリカではもともと人種統合教育から障害者

の統合教育というものが生まれてきたのです。このインテグレーション（統合）が現在ではインクルージョン（包摂）という考え方に発展しています。

　その後、いろいろな国で民族、障害者、フェミニズム、性的少数者、プレカリアート（非正規や無職のような不安定な生活条件にある人）などの運動が活発化し、排除や隔離、周縁化を経験してきたマイノリティのインクルージョンにとりくまれるようになりました。

　つまり、障害児のインクルーシブ教育という側面と、障害児以外の排除された人たちのインクルージョンという側面の2つが統合されていく形で、インクルーシブ教育が制度化され実践されているのが世界の状況なのです。

　このようにみてくるならば、インクルーシブ教育は人権教育の本質的な要素であることが理解できます。

6. 特別支援教育ではなく、インクルーシブ教育を

　一方、日本でおこなわれている特別支援教育は、世界的なインクルーシブ教育と異なる方向にすすんでいます。戦後の特殊教育は、就学基準（学校教育法施行令22条の3の表）に該当する子どもを対象に盲聾養護学校でおこなわれる教育と軽度障害のある子どもたちを対象に特殊学級でおこなわれる教育を意味していました。歩けない子や筆記ができない子は養護学校、墨字[20]が読めない子は盲学校というように、対象となる子どもと場を機械的に規定し、分離して教育していたのです。そのため就学前保育・教育施設においても、重い障害のある子どもを含めて教育をするという意識が弱かったのです。

　文部科学省は2007年に政策の修正を図り、特別な教育的ニーズのある

---

*19　持続可能な開発目標（SDGs：Sustainable Development Goals）は、2015年9月の国連サミットで加盟国の全会一致で採択された、2030年までに持続可能でよりよい世界をめざす国際目標です。17のゴール・169のターゲットから構成され、地球上の「誰一人取り残さない（leave no one behind）」ことを誓っています。

*20　墨字（すみじ）とは、視覚障害者の使用する点字に対して、墨やインクなどで書かれた文字や、印刷された文字など、点字ではない文字を指します。

子どもに対して、すべての学校、学級においておこなわれる教育である「特別支援教育」に転換することにしました。文部科学省は、特別支援教育の理念を次のように記しています。

　　　特別支援教育は、障害のある幼児児童生徒の自立や社会参加に向けた主体的な取組を支援するという視点に立ち、幼児児童生徒一人一人の教育的ニーズを把握し、その持てる力を高め、生活や学習上の困難を改善又は克服するため、適切な指導及び必要な支援を行うものである。
　　　また、特別支援教育は、これまでの特殊教育の対象の障害だけでなく、知的な遅れのない発達障害も含めて、特別な支援を必要とする幼児児童生徒が在籍する全ての学校において実施されるものである。[*21]

　そして盲聾養護学校を障害種別を越えた特別支援学校に改編し、在籍する子どもの教育と共に地域の学校への支援などをおこなうセンター的役割を担わせることとしました。これまでの特殊学級は特別支援学級と名称変更されましたが、軽度の障害がある子どもを在籍させるという性格は変わりませんでした。
　就学の仕組みについては、従来の判別基準による機械的な分離に代えて、「障害の状態、本人の教育的ニーズ、本人・保護者の意見、教育学、医学、心理学等専門的見地からの意見、学校や地域の状況等を踏まえた総合的な観点から就学先を決定する仕組み」[*22]となりました。子どもを分けるための判別基準が残されたばかりでなく、教育委員会による就学先決定権も残されました。ふまえるべき点として、冒頭に「障害の状態、本人の教育的ニーズ」が置かれ、「教育学、医学、心理学等専門的見地からの意見」が列挙されている点で、能力主義と専門家主導の医学モデルが強化されたものであるといえます。このように実質的には分離教育が拡張されたのです。
　地域の学校において特別支援教育をすすめていく仕組みは、①個別の教育支援計画作成、②特別支援教育コーディネーター設置、③質の高い教育支援を支えるネットワークの形成より成り立っています。つまり、特別支

援教育コーディネーターを中心に、全教職員により発達障害のある子ども を発見し、個別の支援計画にもとづく教育をおこない、医療・福祉等の ネットワークで支援しようとするものです。

　ところでこのような特別支援教育への転換の背景には何があるのでしょ うか。1970 年代初頭以降、機械的なふり分けに反対して、各地で就学闘 争や共生教育をつくり出す運動が展開されました。その運動は、分けよう とする教育委員会・学校と激しい衝突をくり返しながら、広がっていきま した。その結果、関西や関東をはじめとして全国各地で地域の就学前保 育・教育施設や学校で健常児と共に学ぶ重度障害児が生まれ、共生教育を 推進しようとする地域・教職員・運動体が形成されてきました。

　このような状況の変化によって、従来の「特殊教育」の「機械的な振り 分け」の非情さや非合理性が明らかになってきたので、文部科学省はこれ を個別的なふり分けに転換する方向に舵を切ったのです。たとえば車イス 利用者だから養護学校とか視覚障害者だから盲学校と決めてしまうのでは なく、保護者の希望やその子の能力、地域の学校の受け入れ体制などを考 慮し、例外として地域の学校に就学することも認めるが、原則としては就 学基準にもとづいて判断するという制度に変えたのです。

　その結果、いままで「機械的な分離」によって分けられていた子どもた ちの一部は地域の学校へのハードルが低くなりました。しかし例外として 地域の学校への就学を認められるかどうかの最大の基準は「能力」や「適 応」です。したがって、知的障害や自閉症などのために、普通学校の教 育に順応できる「能力」や「適応」がむずかしいとみなされた子どもは、 いままで以上に厳しくふり分けられることになりかねません。また「LD、 AD/HD、高機能自閉症」とされた子どもたちも、特別な教育の対象とさ れて分けられるようになってきています。個別の教育支援計画や専門機関 とのネットワークは、医学モデルの観点が強いため、子どもの障害に注目 して教育の場や活動を分けることを推しすすめています。その結果、特別

*21　文部科学省初等中等教育局長（2007）「特別支援教育の推進について（通知）」.
*22　中央教育審議会初等中等教育分科会（2012）「共生社会の形成に向けたインク ルーシブ教育システム構築のための特別支援教育の推進（報告）」.

支援学校・支援学級に在籍する子どもたちが激増しているのです。

　文部科学省のすすめる「特別支援教育」は、このように医学モデルに立って子どもを分けて教育する仕組みであり、障害者権利条約が求めるインクルーシブ教育とは相いれないものです。このような特別支援教育の必要性が強調されればされるほど、就学前保育・教育施設の就学前における子どものふり分けも強まっていきます。「10の姿」を到達目標とする教育がすすめば障害児が就学前保育・教育施設にいられなくなるのではないかという懸念は、特別支援教育が障害児を分けることを推しすすめているという問題点と通底しているのです。「10の姿」も特別支援教育も、子どもたちを個別にみて能力を伸ばすことを強調する点で、補い合うものなのです。

　こうしたことをふまえて、私たちは特別支援教育に抗して、人権教育としてのインクルーシブ教育をつくり出す必要があります。つまり、障害だけでなく、日本語を母語としないニューカマーや在日韓国朝鮮人、被差別部落、女性、セクシュアルマイノリティ、施設・里親宅で生活している、虐待、貧困等、さまざまな不利な状況にある子どもたちの人権を保障し、すべての子どもが「共に生きる教育」をどのようにつくり出すかを考えていかなければならないのです。その際に先に述べた「人権保育の7つの視点」を参考にしていただければ幸いです。

おわりに

　執筆者七人による研究会が本格的にスタートしたのは、2019年5月です。指針・要領の改訂（定）から2年、全面実施から1年が経っていました。このころには、子どもを「10の姿」でとらえることを目的とした研修会が保育者に向けて頻繁に開催され、それを受け、「10の姿」をねらいや視点とする指導案や、子どもを「10の姿」で読みとり、考察するといった実践記録が報告されるようになっていました。

　こども園が増えていく中で、0歳児から5歳児までの育ちを見通した幼保連携カリキュラムをつくる自治体も多くなってきました。その際、5歳児の姿の隣に「10の姿」が列記される、さらには、「10の姿」が領域ごとに分けて記されることもありました。

　また、ある自治体では園ごとに「10の姿」が研究テーマとしてふり分けられるという奇妙なことも起き始めていました。「今年度は『思考力の芽生え』がみられる子どもの実践をとらなければならない」という保育者の言葉を聞き、「10の姿」が登場したことにより、子どもが能力の塊と見なされて、それぞれの要素に分解されながら保育される対象になったと感じずにはおれませんでした。

　「10の姿」は、三本柱で示された「資質・能力」の育成を重んじるあまり、子どもがさまざまなつながりの中で共に育ち、共に学ぶという視点が欠落しています。個人主義的、能力主義的な「10の姿」では、関係性の中で「いま」を生きる、あるがままの子どもの姿を受けとめることはできません。

　ところが、2021年7月には、中央教育審議会初等中等教育分科

会に「幼児教育と小学校教育の架け橋特別委員会」が立ちあがり、主たる論点の１つとして「幼児期の終わりまでに育ってほしい姿」の実践への活用があげられました。私たちはこうした動きを危惧しています。

　新型コロナの影響で、私たちの社会は大きく変わろうとしています。しかし、社会がどのように変わろうとも、変わろうとしているいまだからこそ、保育・教育にかかわる私たちには、その本質を見すえた「ぶれない」信念と実践力が問われています。子どもの人権を尊重し、多様性を受けとめ、一人ひとりの子どもや保護者を大切にしていくとりくみが求められています。障害の有無、人種や民族、家庭状況や保護者の所得、居住地、地域環境、セクシュアリティ（性別や性指向・性自認など）にかかわらず、いま・ここに生きる子どもの幸せを希求し、一人ひとりの育ちを尊重したインクルーシブ保育・教育をすすめる必要があります。

　本書をとおして、さまざまな「つながり」を広げ、日々の実践から学び合い、その学びを共有し、子どもの権利を保障する実践が深まり広がることを願ってやみません。

　最後になりましたが、本書の刊行にあたり、解放出版社の小橋一司さんにいろいろとお世話になりました。心より感謝申しあげます。

2021 年 8 月

執筆者一同

資料　幼児期の終わりまでに育ってほしい姿

健康な心と体	就学前保育・教育施設における生活の中で，充実感をもって自分のやりたいことに向かって心と体を十分に働かせ，見通しをもって行動し，自ら健康で安全な生活をつくり出すようになる。
自立心	身近な環境に主体的に関わり様々な活動を楽しむ中で，しなければならないことを自覚し，自分の力で行うために考えたり，工夫したりしながら，諦めずにやり遂げることで達成感を味わい，自信をもって行動するようになる。
協同性	友達と関わる中で，互いの思いや考えなどを共有し，共通の目的の実現に向けて，考えたり，工夫したり，協力したりし，充実感をもってやり遂げるようになる。
道徳性・規範意識の芽生え	友達と様々な体験を重ねる中で，してよいことや悪いことが分かり，自分の行動を振り返ったり，友達の気持ちに共感したりし，相手の立場に立って行動するようになる。また，きまりを守る必要性が分かり，自分の気持ちを調整し，友達と折り合いを付けながら，きまりをつくったり，守ったりするようになる。
社会生活との関わり	家族を大切にしようとする気持ちをもつとともに，地域の身近な人と触れ合う中で，人との様々な関わり方に気付き，相手の気持ちを考えて関わり，自分が役に立つ喜びを感じ，地域に親しみをもつようになる。また，就学前保育・教育施設内外の様々な環境に関わる中で，遊びや生活に必要な情報を取り入れ，情報に基づき判断したり，情報を伝え合ったり，活用したりするなど，情報を役立てながら活動するようになるとともに，公共の施設を大切に利用するなどして，社会とのつながりなどを意識するようになる。
思考力の芽生え	身近な事象に積極的に関わる中で，物の性質や仕組みなどを感じ取ったり，気付いたりし，考えたり，予想したり，工夫したりするなど，多様な関わりを楽しむようになる。また，友達の様々な考えに触れる中で，自分と異なる考えがあることに気付き，自ら判断したり，考え直したりするなど，新しい考えを生み出す喜びを味わいながら，自分の考えをよりよいものにするようになる。
自然との関わり・生命尊重	自然に触れて感動する体験を通して，自然の変化などを感じ取り，好奇心や探究心をもって考え言葉などで表現しながら，身近な事象への関心が高まるとともに，自然への愛情や畏敬の念をもつようになる。また，身近な動植物に心を動かされる中で，生命の不思議さや尊さに気付き，身近な動植物への接し方を考え，命あるものとしていたわり，大切にする気持ちをもって関わるようになる。
数量や図形，標識や文字などへの関心・感覚	遊びや生活の中で，数量や図形，標識や文字などに親しむ体験を重ねたり，標識や文字の役割に気付いたりし，自らの必要感に基づきこれらを活用し，興味や関心，感覚をもつようになる。
言葉による伝え合い	保育者や友達と心を通わせる中で，絵本や物語などに親しみながら，豊かな言葉や表現を身に付け，経験したことや考えたことなどを言葉で伝えたり，相手の話を注意して聞いたりし，言葉による伝え合いを楽しむようになる。
豊かな感性と表現	心を動かす出来事などに触れ感性を働かせる中で，様々な素材の特徴や表現の仕方などに気付き，感じたことや考えたことを自分で表現したり，友達同士で表現する過程を楽しんだりし，表現する喜びを味わい，意欲をもつようになる。

＊10項目の前に，「幼稚園教育要領」では，(1)～(10)，「保育所保育指針」と「幼保連携型認定こども園教育・保育要領」では，(ア)～(コ)が付されています。
＊文中の「幼稚園」「保育所」「幼保連携型認定こども園」の表記については「就学前保育・教育施設」，「先生」「保育士等」「保育教諭等」の表記については「保育者」としています。

●編著者プロフィール

井上寿美（いのうえ ひさみ）　大阪大谷大学教育学部幼児教育専攻教授

　　　　主著『〈わかちあい〉の共育学《応用編》—子どもと共に未来図を描こう』
　　　　　　（共編著）明石書店 2021 年
　　　　　　『虐待ゼロのまちの地域養護活動—施設で暮らす子どもの「子育ての
　　　　　　社会化」と旧沢内村』（共編著）生活書院 2017 年
　　　　　　『子どもを育てない親、親が育てない子ども—妊婦健診を受けなかっ
　　　　　　た母親と子どもへの支援』（共編著）生活書院 2015 年

佐藤哲也（さとう てつや）　宮城教育大学教職教育総合学域発達教育部門教授

　　　　主著『子ども観のグローバル・ヒストリー』（編著）原書房 2018 年
　　　　　　『子どもの心によりそう保育・教育課程論〔改訂版〕』（編者）福村出
　　　　　　版 2018 年
　　　　　　『世界子ども学大事典』（共訳）原書房 2016 年

堀　正嗣（ほり まさつぐ）　熊本学園大学社会福祉学部教授

　　　　主著『障害学は共生社会をつくれるか—人間解放を求める知的実践』明石
　　　　　　書店 2021 年
　　　　　　『子どもの心の声を聴く—子どもアドボカシー入門』岩波書店 2020 年
　　　　　　『人権保育カリキュラム』（共編著）明石書店 1999 年

●著者プロフィール

大川織雅（おおかわ おりが）　兵庫県 伊丹市立さくらだいこども園保育教諭

辻木愼吾（つじき しんご）　三重県 松阪市立花岡幼稚園教頭

疋田美和（ひきだ みわ）　大分県 別府市立鶴見幼稚園副園長

見元由紀子（みもと ゆきこ）　大阪府 貝塚市立西幼稚園教諭

●イラスト

木村勇基（きむら ゆうき）　滋賀県 大津市立長等幼稚園教諭

「10の姿」をこえる保育実践のために
「エピソード」で語るあるがままの子ども

2021年9月15日　初版第1刷発行

編著者　井上寿美／佐藤哲也／堀 正嗣

発　行　株式会社 解放出版社
　　　　大阪市港区波除4-1-37 HRCビル3階 〒552-0001
　　　　電話 06-6581-8542　FAX 06-6581-8552
　　　　東京事務所
　　　　東京都文京区本郷1-28-36　鳳明ビル102Ａ 〒113-0033
　　　　電話 03-5213-4771　FAX 03-5213-4777
　　　　郵便振替 00900-4-75417　HP https://www.kaihou-s.com/

印　刷　株式会社 太洋社